L'OPÉRA ALPIN

ISBN : 978-2-36157-089-7
DÉPÔT LÉGAL : JANVIER 2015

Réalisation : Transboréal
Couverture : Ray Juno/Corbis

TRANSBORÉAL
23, RUE BERTHOLLET – PARIS Ve
TÉLÉPHONE : 01 55 43 00 37
FAX : 01 55 43 00 38
contact@transboreal.fr – www.transboreal.fr

GÉRARD GUERRIER

L'OPÉRA ALPIN

À pied de la Bavière à Bergame

ÉDITIONS TRANSBORÉAL
48° 50' N. * 2° 20' E.

À Eva Birgit.

« La pluie… et puis l'attente sur les cimes
Un ciel triste et lavé, plein de torpeur ;
Un ciel triste et lavé jusqu'à la plus intime,
La plus basse des régions du cœur… »

Patrice de La Tour du Pin,
« Hameaux », *La Quête de joie* (1933).

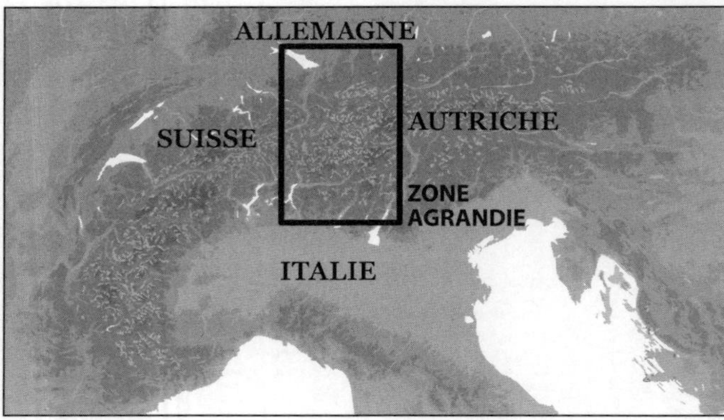

L'ARC ALPIN

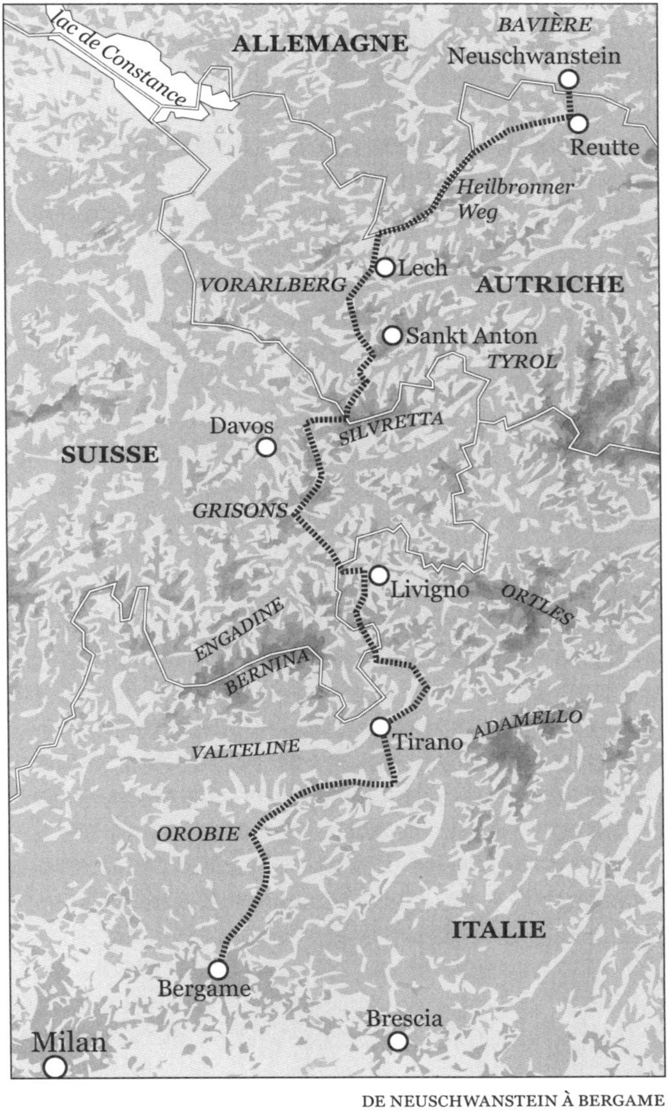

DE NEUSCHWANSTEIN À BERGAME

Première partie

TYROL ET BAVIÈRE

NEUSCHWANSTEIN
22 juillet 2013

UNE NUIT de juillet, chaude et lourde, comme une bouffée de tropiques. La fenêtre est ouverte. Eva dort à mes côtés, à moitié découverte, un masque sur les yeux pour occulter la lumière blanche de l'éclairage public, des bouchons de néoprène vissés dans les oreilles. Je me tourne et me retourne, les draps collés par la sueur, incapable de trouver le sommeil.

Impossible de dormir dans cet hôtel aux parois aussi fines qu'une cloison en paille de riz. À quoi bon, d'ailleurs, puisque notre voisine chinoise, celle au grand sac Vuitton orange, profitant du décalage horaire, appelle sa fille ou sa cousine, depuis la petite terrasse commune, à Shanghai ou à Harbin, d'une voix forte et gutturale :

« *Cāi cāi wŏ dă diànhuà dì dìfāng ?*

— …

— *Nosh wan sta…* »

Sans doute vante-t-elle dans ce chaos de paroles la splendeur et les mystères de Neuschwanstein.

À quoi bon protester, lui expliquer que nous devons nous lever aux aurores ? Comprendrait-elle même mon anglais ou mon allemand ? Fatigué de ne pouvoir m'endormir, je me lève, manque de chuter sur mon sac à dos, enfile un short, prends mes cliques et mes claques et me glisse dans la Schwangau Strasse. Cent mètres au-dessus de moi, perché au milieu de la forêt de sapins, se dresse le château de la Belle au bois dormant avec ses tours hautes comme des minarets, illuminé par une batterie de projecteurs dissimulés dans les arbres. L'immense parking au pied de la colline n'est plus qu'une esplanade vide dont le goudron restitue la chaleur accumulée pendant la journée. Plus une voiture ni un seul autobus, le silence a repris sa place.

Je m'éloigne donc du Schlossblick Garni, prenant garde à ne pas alerter les chiens du voisinage, des bergers allemands sûrement, pour me diriger vers les eaux cristallines de l'Alpsee. La lune se lève avec lenteur, tant elle est pleine, pour émerger de la crête frontière, plus au sud. Il me faudrait attendre encore une heure pour pouvoir distinguer tous les détails du paysage. Pas le temps ! J'accélère le pas, dépasse les vitrines du Schlosshotel Lisl où sont garées les limousines de luxe et retrouve enfin un sentier au bord du lac serpentant entre la roselière, les aulnes et les saules échassiers qui plongent leurs racines dans les eaux noires. Jugeant la distance suffisante avec les derniers lampadaires, je me dénude, écarte de la main la branche d'un tronc immergé, puis, avec précaution, avance sur un fond de sable et

de rochers, vers les reflets de lune. Je retrouve avec délice la fraîcheur tant désirée, l'obscurité et le silence des profondeurs.

Les bras en croix, le visage vers le fond, je m'abandonne aux eaux du lac et me laisse partir à la dérive, les yeux fermés afin de mieux voyager à travers le temps et revenir au siècle de Sissi, de Richard Wagner et de Ludwig II, von Wittelsbach, roi de Bavière. Louis II, le fou de Wagner sans qui *Tristan et Isolde* n'aurait pas été composé ; roi bâtisseur qui ne vécut dans ce château que pour se faire interner et qui disparut dans le lac de Starnberg une chaude et triste nuit de juin comme s'il avait voulu rejoindre les premiers rayons de lune. Louis II que Verlaine considérait comme le seul vrai roi de ce siècle, le Roi-Lune d'Apollinaire.

« Le Roi-Lune s'envola gracieusement. Il alla se percher dans un arbre, où il continua de parler. Mais je ne compris pas ce qu'il disait et il me sembla qu'il gazouillait en s'adressant à la lune qui luisait entre les branches, puis il reprit son vol... »

(Guillaume Apollinaire, *Le Roi-Lune*)

Le Roi-Lune, le roi fou... foudroyé par le siècle de fer et de feu imposé par Bismarck et son maître prussien. Devenu roi à 18 ans, il s'est perdu dans les méandres de ses lectures, de son imagination, prenant ses distances avec les hommes et avec la réalité pour mieux s'approcher de l'éternité, fût-elle un décor de théâtre en stuc doré et carton-pâte ! Mais fallait-il être fou pour tout miser sur les ombres et les lumières d'un musicien génial, pour construire des châteaux qui ont ruiné son royaume mais qui font la fortune de la Bavière aujourd'hui ?

Respirer, ne pas oublier de respirer ! Je remonte à la surface, presque ébloui par la lumière de la lune, presque assourdi par le clapot qu'un vent léger descendu de la montagne a levé. Reprenant contact avec la réalité de cette nuit d'été, faute de serviette, je me rhabille sans me sécher, savourant ce léger courant frais qui me glace l'échine, et reprends le chemin du retour et des draps mouillés, de la Chinoise à la forte voix...

Le réveil, bien sûr, est difficile : s'habiller à tâtons, la bouche pâteuse et les yeux mi-clos, refaire le sac à dos en prenant garde à ne rien oublier, à ne pas faire de bruit afin de ne pas réveiller les chambres voisines, se contenter d'une toilette de chat dans le petit lavabo, descendre le grand escalier de bois orné de trophées de chasse. À cette heure, aucun risque de rencontrer les Chinois, Russes, Brésiliens ou Japonais. Eva et moi sommes seuls devant le buffet à peine dressé alors qu'une femme achève de préparer les tables. Maintenant réveillés, nous déjeunons de bon appétit, nous resservant en charcuterie fumée et petits pains encore chauds. Qui sait ce que sera notre journée, sans même parler du lendemain ? Cependant, malgré l'abondance du buffet et même si l'envie est forte, nous nous abstenons de prendre des provisions pour notre pique-nique. Pas question d'enfreindre les consignes placées au-dessus de la porte : *Bitte, bedienen Sie sich, aber nicht für die Jause* – « Servez-vous, mais pas pour le *"Jause"* ».

Eva m'explique en effet que *eine Jause*, en bavarois, désigne un en-cas, ce que j'ignorais. En bon Français, je m'amuse de ces « règles » et provoque ma compagne, originaire du Palatinat, en caricaturant l'accent allemand à la manière de Papa Schultz : *« Arr, naturliche Ordnungue mouss saïn !*[1] »

Ce qui ne la fait plus rire depuis longtemps ! Nous nous contentons ainsi de réclamer à l'accorte *Frau* les deux petits sandwichs que nous avons laissés, la veille, au réfrigérateur : nos seules provisions pour une journée de huit à neuf heures de marche. Bah, on verra bien si on peut les compléter en route. Enfin, alors que les premiers hôtes pénètrent dans la salle à manger, nous partons à pied, entre chien et loup, traverser les Alpes, du château du roi fou à la chapelle du *condottiere* Colleoni à Bergame.

DIE TIROLER SIND LUSTIG
23 juillet 2013

LE SOLEIL SUIT la même trajectoire que la lune de cette nuit. À cette heure, il paresse encore derrière la tête du Saüling vers laquelle nous nous dirigeons. Nous longeons les rives de l'Alpsee, sans échanger un mot : nous aurons bien le temps. Seuls le bruit de nos pas et l'impact de nos bâtons sur la terre sèche se mêlent aux chants des hoche-queues. Afin de tirer au plus court, je décide de quitter cet itinéraire rassurant pour aller à travers la forêt en empruntant, droit dans la pente, la trace d'un débusqueur forestier, dans une futaie dense de hêtres et de sapins noirs. Malgré l'heure matinale, nous sommes en sueur, lorsque nous butons contre une paroi de calcaire. Le soleil n'a toujours pas fait son apparition. La copie de carte Kompass, bien imprécise, n'indique pourtant aucune barre, ni sentier, dans ces environs.

« Tu sais où ça passe ? s'inquiète Eva.

— Non, pas entièrement… Mais ça devrait passer à droite en longeant cette barre. Le cheminement me paraît logique.

— Tu es sûr ?...

— Non, mais si ça ne passe pas, on fera demi-tour pour retrouver l'itinéraire classique.

— Toi et ton hors sentier ! »

Enfin, nous retrouvons une vague sente de chasseurs ou bien de cervidés qui joue à cache-cache avec les grandes fougères et les impatientes. Son orientation est rapidement vérifiée avec la boussole : cela devrait aller. Peu à peu, nous reprenons confiance. Les premiers rayons de soleil percent l'épaisse canopée. La trace se perd bientôt pour réapparaître plus haut entre deux petites barres rocheuses couvertes de mousses : un véritable dédale chartrousin ! De nouveau, je ressors la carte et estime ma position en faisant une visée sur ce que je crois être le Saüling.

« Nous ne devrions plus être très loin. Le collet devrait se trouver derrière cette barre. »

Eva ne semble pas convaincue. Elle suit, sans enthousiasme, sans doute impressionnée par le paysage sauvage, austère, par l'absence de sentier ou de signe humain. Nous retrouvons pourtant une mince trace, après cet obstacle, qui part droit dans la forêt, puis après quelques minutes : « Là, regarde ! »

Eva découvre au milieu des hautes herbes une grosse pierre levée et sculptée : une borne frontière. Sur sa face nord, un cygne dressé au-dessus d'un B est gravé : l'emblème des von Wittelsbach, des rois de Bavière. Sur la face sud, le T de Tyrol. Enfin, une date : 1844, une année avant la naissance de Louis II, quatre ans avant que son grand-père, le roi Louis Ier, un autre mécène et esthète, ne se perde dans les bras de Lola Montez. Cruel destin que celui de ces roitelets nés trop tard ou trop tôt !

« Une orientation aux petits oignons !

— Tu parles, c'est moi qui ai trouvé la borne, rétorque Eva.

— *Achtung Bicyclette, Fräulein*... Brevet d'État, lui dis-je en riant tout en pointant du doigt mon écusson d'accompagnateur en montagne.

— Accompagnateur en *moyenne* montagne », ajoute-t-elle en insistant sur l'adjectif.

Passagers clandestins, désormais autrichiens, nous suivons, abrités par l'ombre de la forêt, un talweg qui descend vers le sud. Notre trace se fait alors sente puis sentier et enfin chemin avant de reprendre le contact avec l'ennemi honni du marcheur : le goudron ! Il nous faut, en effet, croiser la vallée de Lech : première « traversée goudronnée » de notre raid. À tout prendre, je préfère les traversées à gué des fleuves sibériens ! Afin d'abréger cette corvée, je propose à Eva de franchir la rivière en aval d'un barrage ! L'affaire est mal engagée car il est protégé par une haute clôture. Inutile d'insister ! Nous partons sur la petite route, heureusement déserte, à la recherche d'un pont, 2 kilomètres en amont.

Enfin, après avoir traversé un hameau aux maisons proprettes, ornées de peintures représentant des scènes de chasse et de montagne, nous retrouvons le relief et empruntons une piste raide qui doit nous mener au Frauensee : le « lac des femmes », tout un programme !

Une vibration... je fouille ma poche et sors le téléphone. Un message m'indique que Michael, notre fils cadet, a essayé de nous joindre. Un courant glacé me transperce. Pourquoi essaie-t-il de nous appeler ? Voilà en effet une semaine que Mischa, comme nous l'appelons, est parti aux confins de la Sibérie orientale guider un groupe d'Allemands et de Britanniques à travers les Tcherski, les dernières montagnes glaciaires du continent asiatique : une longue expédition en autonomie totale aux innombrables inconnues. Il a dû se passer quelque chose de grave pour qu'il décide d'entamer ses batteries et le forfait de son téléphone satellite.

« Qu'y a-t-il ? me demande Eva.

— Rien, rien... Un message pour nous dire que nous sommes en Autriche. »

À quoi bon l'inquiéter... De toute façon, impossible de rappeler, car Mischa n'allume son téléphone qu'en cas de nécessité, et il n'a pas laissé de message ! Il faut attendre un nouvel et hypothétique appel. Sans doute demain matin, car avec douze heures de décalage, il est improbable qu'il essaie de rappeler aujourd'hui.

Nous reprenons notre ascension. La chaleur monte depuis la vallée par vagues matérialisées par le flou de l'air qui se ride, par les nuées d'insectes qui s'élèvent dans les ascendances. Enfin, notre chemin surplombe le lac aux eaux vert foncé, transparentes, blotti au fond d'une sapinière. Une rumeur sourde se propage d'arbre en arbre : *bam-bam-boum*... Nous identifions vite la source de ce tapage forestier : une dizaine de jeunes percussionnistes répètent à l'ombre d'une grange sur la rive opposée. Nous descendons sur la rive herbeuse en cheminant sur une pente raide, prenant appui sur les souches, nous raccrochant aux touffes des hautes herbes. Une grosse truite au dos noir et au ventre clair fait des allers et retours dans l'eau comme un chien de garde. Il fait vraiment trop chaud bien qu'il ne soit pas encore midi. En l'absence de maillot de bain, je me mets en caleçon et me glisse dans l'eau en poussant des cris de joie. Je nage avec délice vers un arbre mort dont les branches pointent vers le ciel. Eva, plus pudique que moi, ne tarde guère à m'imiter en me faisant promettre de ne pas la prendre en photo.

Après cet intermède, nous progressons vers un petit col envahi par une colonie d'épilobes qui prospère le long du sentier. Affamé, je me délecte des jeunes épis floraux encore en boutons, au goût un peu amer, à peine sucré. Il est vrai que notre pique-nique se limite aux petits sandwichs achetés à prix d'or dans une gargote au pied du château de Louis II. La chaleur devient franchement caniculaire, pas loin de 30 °C. Nous entamons la dernière montée de la journée, à travers une forêt d'épicéas, et nous sommes à court d'eau et de forces ! Les bretelles de mon sac me scient les épaules. Il ne fait que 12 kilos mais semble peser une tonne. Je le change sans cesse de position, balance la charge d'une épaule à l'autre, la remonte, la descends, m'arrête tous les 50 mètres pour m'éponger le front. Ma grande carcasse n'aime pas la chaleur ; elle ne s'épanouit que dans l'air frais et léger des hautes altitudes et latitudes.

Nous atteignons péniblement le fond du vallon où bruisse une cascade bienvenue. Après avoir dévoré mon maigre sandwich, je m'allonge entre deux grosses pierres pour faire une sieste en attendant que les nuages prennent de l'ampleur et nous couvrent de leur ombre salutaire. Une nouvelle vibration. Vite :

« Allô ?

— Papa ?

— Oui, mon grand, je t'écoute.

— Peux-tu me donner la météo pour les prochains jours ?

— Tu as un problème ?

— Non, non, tout va bien. »

Pourtant, je sens confusément que tout ne va pas bien. La voix de Mischa, d'habitude joyeuse et optimiste, me semble troublée, incertaine.

« Mais il pleut beaucoup...

— Ah... Bon, essaie de me rappeler demain matin, vers 7 heures. Ici, le signal n'est pas fameux.

— D'accord, à plus. »

Sans attendre, alors que nous sommes au milieu des bois, je rappelle, après plusieurs essais, l'agence de trekking pour laquelle je travaille afin de leur demander s'ils peuvent faire une recherche Internet sur la météo à Sasyr ou Khonoo en Iakoutie... Quelques minutes après, Simon, mon associé, me rappelle :

« C'est pas très bon... Pluie continue pendant quatre jours, une petite éclaircie jeudi, puis nuageux de nouveau.

— Simon, tu as la température ?

— De 0 à 7 °C…

— Putain… Pas de chance pour lui… ça ne va pas être facile.

— Le baptême du feu en quelque sorte ! »

Ou plutôt un baptême des glaces…

« Alors ? questionne Eva.

— Tu as entendu… »

La sécheresse de la réponse trahit ma nervosité. Ce mauvais temps ne présage rien de bon. En Sibérie subpolaire où le permafrost affleure partout, la pluie, qui ne peut s'écouler, transforme rapidement les plaines en lacs et en immenses marécages. Les rivières débordent alors très rapidement de leurs lits rendant toute progression illusoire et dangereuse. Mischa, lors de sa première reconnaissance de cette région, avait déjà été bloqué plusieurs jours par un torrent en crue. À court de vivres, il n'avait dû son salut qu'à la balise de sécurité qu'il avait actionnée pour signaler sa position à une équipe de secours. Je me raisonne en me disant qu'il a dû apprendre sa leçon.

Impossible de trouver le sommeil : je me contente de rêvasser en regardant les nuages, alimentés par l'air chaud et humide de la vallée, se développer et prendre des formes de châteaux imaginaires. Il faut partir maintenant si nous voulons arriver au refuge avant l'orage !

Protégés par l'ombre grandissante des cumulus, nous empruntons un agréable sentier qui débouche enfin sur les alpages envahis par les gentianes jaunes et les géraniums sanguins en pleine floraison. Aux premières gouttes, nous atteignons le refuge Lechaschauer qui domine la vallée du Lech comme son nom, « qui regarde Lech », l'indique. Une vingtaine de randonneurs, plutôt bien-portants, voire un peu rougeauds, achèvent de déjeuner en arrosant leurs saucisses et leur salade de pommes de terre de bière qu'ils boivent dans de grandes chopes. Eva devance ma question en me montrant du doigt une série de poteaux sur la ligne d'horizon : « Regarde, ils ont dû prendre le télésiège, là-bas. »

Effectivement, plus loin, à vingt minutes d'une marche tranquille, une remontée mécanique alimente sans arrêt la montagne avec des ventres vides pour les descendre rassasiés et un peu plus écarlates quelques heures plus tard.

Premier éclair sur les crêtes voisines ! Nous ne nous attardons pas et allongeons le pas pour rejoindre un petit col débonnaire au milieu des alpages et basculer du côté de la forêt. Vite, nous dévalons vers notre refuge que nous apercevons maintenant sur une avancée déboisée surplombant le lac de Halden. Le Schneetalalm est tenu par une petite blonde aux yeux rieurs qui nous accueille sur le pas de sa porte. Karin nous souhaite la bienvenue en français après avoir entendu mon accent.

Aidée par son compagnon et Silke, une jeune et jolie étudiante en ingénierie d'Innsbruck, elle a voulu faire de son petit refuge de vingt places un palais idéal. L'emplacement est favorable avec une terrasse orientée à l'ouest et une vue panoramique sur les crêtes frontalières de l'Allgaü. Karin s'est entourée d'une étonnante ménagerie dont les stars sont des chèvres au surprenant pelage bicolore : noir devant et blanc derrière. Silke nous explique que cette race, la Schwarzhals Walliser, appelée aussi « chèvre des glaciers », serait arrivée voilà plus de mille ans d'Afrique pour prospérer dans le Haut-Valais. Leur seule utilité, ici, est d'entretenir les raides alpages dominés par les falaises. Ce petit troupeau tient compagnie à d'autres hôtes : des canards, des poules, une vache et son veau aux courtes pattes, aux longs poils bruns et aux longues cornes dressées en l'air. Ces Highlands écossaises, connues pour leur rusticité, jouent, comme les chèvres, le rôle de débroussailleuses.

Ce soir, nous sommes les seuls clients avec une famille d'agriculteurs de la Forêt-Noire venue faire une courte pause avant la moisson. La discussion autour de la longue table dressée sur la terrasse s'oriente sur la réalité économique de l'agriculture bio, sur les possibilités ou non de vivre en quasi-autonomie ou au moins en réseau local. D'ailleurs, ce soir, le repas est constitué d'une solide soupe aux herbes épaissie avec des patates du jardin suivie de *Knödel*, des boules de pomme de terre mélangée avec de la farine, fourrées au lard et à l'ail des ours avant un excellent *Apfelstrudel*, le fameux gâteau feuilleté qui mériterait d'être brodé sur le drapeau autrichien. J'arrose le tout de *Weizenbier*, cette bière blanche au froment, originaire de Bohême, particulièrement appréciée en Bavière et en Autriche, alors qu'Eva se contente d'une bouteille de d'eau minérale.

Malgré l'heure tardive, trois solides gaillards barbus font leur entrée sur la terrasse du refuge en s'appuyant sur leurs pachons, de longs bâtons en bois utilisés par les bergers. Chaussés de chaussures de montagne, ils portent le chapeau tyrolien et une culotte de cuir patinée par l'usage : des alpagistes venus en voisins faire un brin de cour à la jolie et fraîche Silke. Après avoir partagé une bière avec eux, Karin sort son accordéon, Silke une guitare. L'orage se dissout dans la douceur du soir, non sans avoir lâché de dépit quelques malheureuses gouttes. Ensemble, nous reprenons les chansons allemandes et autrichiennes traditionnelles. Je fredonne : *« Die Tiroler sind lustig, die Tiroler sind froh*[2] *»*. Les barbus me sourient et décrochent précautionneusement les deux longs cors des Alpes de la paroi de bois blond du salon. Ils s'installent face au soleil couchant et entonnent une lente mélopée qui se fond dans le paysage. Le soleil disparaît de la ligne d'horizon d'un seul coup. Nous voilà déjà loin, après une seule journée de marche, des Chinois et des Russes et de l'agitation de Neuschwanstein...

Étrange sentiment d'être à la fois en voyage et tout à fait chez soi.

NOSTALGIE
24 juillet 2013

La vibration du téléphone, que j'ai pris soin de glisser sous l'oreiller, me réveille. Eva dort encore, enroulée dans son drap-sac comme une momie égyptienne, allongée contre le bat-flanc du petit dortoir, la couverture à ses pieds tant il fait chaud. D'un bond, prenant garde à ne pas faire de bruit, je prends contact avec le sol, puis, essayant de ne pas faire grincer le vieil escalier en bois, me dirige vers la sortie :

« Mischa ?

— Allô, papa ?

— Oui, Boulon... »

Boulon... Un des nombreux diminutifs que j'utilise avec mes proches suivant les circonstances. Ainsi Eva devient « Colette » lorsqu'elle me rappelle avec insistance qu'il ne faut pas confondre l'essuie-main avec le torchon à vaisselle, ou « Bouline » ou même « Kaboul » lorsque je suis d'humeur taquine. Mischa a aussi sa liste de diminutifs : « Riri le roi des tout-petits », pour lui rappeler que nous ne sommes jamais que des enfants trop vite grandis, ou bien Kaou-Tchou, Boulon... pour célébrer son génie du bricolage. Aujourd'hui, c'est donc « Boulon », sans doute pour me rassurer sur ses capacités à trouver la panne et la solution, pour apaiser et dénouer la boule d'anxiété qui me bouffe le ventre depuis hier.

« Alors, tu as la météo ?

— Pas fameuse ! Pluie pendant quatre jours, une petite amélioration et nuages de nouveau...

— Et la température ?

— Froid de 0 à 7 °C.

— ...

— Ça va avec ton groupe ?

— Je te raconterai, mais ça va... On fait avec.

— Tu peux m'appeler tous les matins à cette heure, je garderai le téléphone ouvert...

— OK, à bientôt.

— Bises, mon grand. »

Nous écourtons volontairement cette conversation car nous savons que les batteries de son téléphone satellite ne pourront être rechargées qu'au soleil, c'est-à-dire pas avant plusieurs jours. En attendant que le refuge se réveille, je m'assois sur un banc en pierre, le dos contre le mur. Le chien de Karin approche et mendie une caresse que je lui donne volontiers. Enhardi par mon geste, il apporte son Frisbee dans la gueule pour jouer. Nous jouons donc... et le border collie se perd dans le champ d'oseille géante à la recherche de son disque mâchouillé. Je m'amuse parfois à le lancer entre les pattes de la vache aux cornes démesurées. Le chien invente alors des ruses de Sioux pour que l'imposant animal se déplace de 1 ou 2 mètres afin qu'il puisse, sans risquer un coup de sabot, récupérer son précieux joujou. Enfin, Eva me rejoint à son tour sur le pas de la porte, les yeux encore gonflés de sommeil. Elle enroule son bras autour de mon épaule.

« Tu as eu Mischa ?

— Oui.

— Et alors ?

— Tout va bien, pas de problème. »

Je change de sujet pour éviter de nouvelles questions :

« Tu as remarqué, l'air est très doux ce matin. Cela finira en orage… Ne nous attardons pas.

— Tu crois que ça craint ?

— Pas de vrai risque, l'itinéraire est sans danger aujourd'hui ; mais mieux vaut éviter la pluie. »

De nouveau, je feins la sérénité alors que le ton gris de la voix de mon fils m'inquiète. Je me raisonne en me disant que c'est ainsi, que de telles étapes aux risques mesurés sont indispensables dans la vie d'un jeune homme pour devenir pleinement autonome et responsable. Mais aussitôt, une voix intérieure me dit que cette expédition est un peu trop engagée compte tenu de son expérience nécessairement limitée : traverser 500 kilomètres de toundra et de taïga avec un seul point de ravitaillement, à plus de 1 000 kilomètres du premier hélicoptère en cas de pépin !

Le rythme tranquille de la marche apaise mon inquiétude. La régularité des pas est une impeccable piste d'envol pour une série de rêves éveillés, de questions essentielles. Pourquoi suis-je devenu montagnard plutôt que marin ou citadin ? Pour la beauté du décor ? Sans doute, mais les paysages bretons, les océans, les déserts, la toundra peuvent être tout aussi majestueux que ces tas de cailloux d'altitude taillés en pointe. L'intangibilité d'une nature préservée ? Peut-être, mais... non. Et si chacune de mes incursions en montagne était une tentative de retrouver le paradis perdu, celui de l'enfance à jamais disparue ? À 57 ans, j'ai encore la nostalgie du Vercors, de mes toutes premières années de vie, un Vercors encore rural où mon plus grand plaisir, après une longue promenade à travers des bois noirs parsemés de fourmilières géantes, était de déguster la limonade de Tatie Beaudoingt et de croquer dans mon pain-pâte de fruits avant d'aller voir les vaches alignées dans l'étable sous les trophées colorés des comices agricoles. Est-il possible que nos deux garçons, Willi et Mischa, aient suivi le même cheminement... qu'ils essaient de revivre en montagne leurs premières émotions, leurs premiers enchantements ? Willi piqua ainsi son premier fou rire, perché sur son porte-bébé, en voyant sa mère chuter dans un torrent des Alpes bergamasques. Mischa fêta ses 4 ans à poursuivre les marmottons de terrier en terrier lors de son premier 1 000 mètres de dénivelée. L'un est aujourd'hui moniteur de ski, l'autre se prépare à devenir guide de haute montagne. Avons-nous bien fait de leur transmettre, sciemment ou inconsciemment, cet attachement ?

La montagne n'est-elle pas une citadelle dérisoire contre le temps qui passe, une inévitable source de déception dans un monde où les heures deviennent des minutes, où l'individualisme règne, où l'accumulation devient l'alpha et l'oméga de nos existences ? La montagne est une école anachronique de la frugalité, un espace où l'on se contente de peu. Le bonheur là-haut se construit avec un pauvre abri dans la tempête, un feu de bois, une chambre de six plutôt qu'un dortoir, une douche en deux minutes chrono ; un bonheur qui ne peut s'accumuler car, en montagne, on voyage léger. S'alourdir, c'est se mettre en danger.

Nous remontons maintenant une longue vallée qui se referme progressivement pour devenir gorge afin de circuler entre des parois délitées de roches sédimentaires, entre des chaos de roche. Une bonne âme a installé un panneau à l'entrée du défilé : *Steinschlag Gefahr* – danger chutes de pierres. Mais nous n'avons pas de casque. Le sentier, devenu balcon, est taillé dans la falaise, avec un câble gainé contre le risque de chute. Nous marchons, seuls, car cet itinéraire n'a de logique que la nôtre. Qui se perdrait dans ce ravin d'une dizaine de kilomètres de long alors que les crêtes sont bien plus accessibles par le nord ? Peu à peu nous reprenons de l'altitude, pas assez pourtant pour nous mettre à l'abri des taons qui, en l'absence de chevaux ou de gros gibier, s'acharnent sur mes mollets découverts : curieuses bestioles que ces satanées mouches au corps trapu, spécialisées dans le suçage de sang d'animaux sans défense ! Ces stupides insectes, me confondant avec un mulet ou un chevreuil, s'approchent donc sans bruit. À l'aide de leurs pattes montées sur ressorts, ils se posent sans éveiller mon attention. Tranchant les chairs à vif à l'aide de leurs mandibules en forme de couteaux, ils aspirent goulûment le précieux nectar. Enivrés par l'hémoglobine, ils oublient toute notion de sécurité avant de disparaître écrabouillés par une grosse main réveillée par la douleur.

Nous entamons la dernière montée de la journée sous un ciel plombé. Les nuages gris ardoise enflent, se désenflent et noircissent. Quelques excroissances pendent en équilibre instable comme des trapézistes avant de lâcher prise et d'éclater en rideau de pluie entre nous et la montagne. Celle-ci prend des airs dramatiques, ou plutôt dolomitiques, avec des reflets beiges, grisâtres. Nous avons quitté à présent le domaine de la forêt pour fouler une pelouse alpine à rhododendrons, semée de gentianes au bleu vif et d'un parterre de dryades à huit pétales. Si les rhodos et les gentianes sont largement célébrés par les gens de la montagne, j'ai un faible pour ces discrètes et lointaines cousines des roses. Elles soignent leur ambivalence comme des héroïnes hitchcockiennes. Dotées de pétales d'un blanc parfait, virginal, elles allongent leurs étamines comme des faux cils pour mieux séduire les butineurs. Ces émules de Grace Kelly ou de Kim Novak ne se plaisent qu'au soleil des climats alpins ou subarctiques...

Les nuages insensibles à mes observations botaniques décident de nous faire une démonstration de force, libérant leurs éclairs et leurs vents virevoltants. C'est au pas de course, en frayant notre chemin à travers des buissons de vernes couchés par les rafales, que nous arrivons au refuge Landsberger... Pas d'*Apfelstrudel*, ni de concert de cor alpin sur la terrasse aujourd'hui !

EDELWEISS
25 juillet 2013

QUATRE PINCES À LINGE : 20 grammes ; 5 mètres de cordelette : 30 grammes ; une veste coupe-vent : 450 grammes ; une brosse à dents : 10 grammes ; un tube de dentifrice vidé aux trois quarts de son contenu... Article après article, Eva et moi avons vérifié la liste de nos « indispensables » qui s'allongeait peu à peu : une lampe frontale, un stylo, un carré de mousse pour s'asseoir sur les sols mouillés, trois piles de rechange, pas une de plus, etc. Cruelle mathématique qui nous imposait d'optimiser chaque objet, de faire des choix cornéliens : corde ou pas corde ?

Finalement, l'essentiel ne manquera pas, tant pis pour le confort et le superflu. Seul véritable sacrifice, j'ai dû troquer mon grand parapluie de berger contre un petit pébroque pliable qui couvre à peine les épaules. Mais les 300 grammes de gain ne sont pas à négliger. Pendant une journée entière, avant notre départ, nous avons ainsi pesé chaque objet afin de ne pas dépasser la limite que nous nous étions fixée : 9 kilos pour Eva, 13 kilos pour moi, avec une gourde pleine et un pique-nique de 500 grammes. J'ai renoncé ainsi au GPS, trop lourd, pour confier notre sort à une navigation « à la papa » avec boussole et cartes. Impossible, d'ailleurs, d'emporter les cinquante cartes au 1/25 000 qui couvrent notre parcours de Füssen à Bergame. J'ai donc copié une à une sur mon écran d'ordinateur, puis imprimé en couleurs, les projections du parcours avant d'assembler le tout dans un « livre consommable » de soixante-dix pages destiné à s'alléger jour après jour.

Une dernière question restait à régler, la plus délicate peut-être : celle de la lecture ! Après avoir hésité à embarquer une liseuse électronique, à peine le poids d'un livre de poche, nous sommes, finalement, restés fidèles à l'encre et au papier.

« Je crois que je vais emmener les *Filles du feu* de Nerval.

— Tu le connais par cœur, me répondit Eva avec un sourire moqueur.

— Presque par cœur...

— Moi je prends deux *Courrier international*... Je les lirai et en jetterai quelques pages chaque jour.

— Bonne idée... Moi je ne sais pas... »

Cela me faisait en effet trop de mal de lire un livre et d'en arracher les pages. Impossible d'accomplir un tel sacrilège, surtout pas avec Nerval ! À la limite, un roman de gare, mais je n'en lis plus depuis bien longtemps, le temps est trop précieux. Finalement, tout bien réfléchi, je décidai de me lester de deux minces livres de poche : 356 grammes exactement ! Deux recueils de poésie : *Fêtes galantes* de Verlaine et *Hymnes et autres poèmes* de Hölderlin, en allemand. Je comptais en effet apprendre deux poèmes par jour, un en français et un en allemand. Eva s'était moquée de ma prétention : « Si tu en apprends un en vingt jours, ce sera bien... Comme ça, tu peux économiser du poids ! »

Profitant de la pluie qui empêche toute balade autour du refuge Landsberger, je lis mon premier poème :

« Votre âme est un paysage choisi
Que vont charmants masques et bergamasques.
Jouant du luth et dansants et quasi
Tristes sous leurs déguisements fantasques... »

Bergamasques, bien sûr ! Comment pourrait-il en être autrement puisque Bergame est le but de notre traversée ? J'aime la musique de *masques et bergamasques*. Elle évoque pour moi les collines plantées de cèdres et de cyprès qui entourent la Citta Alta, ses jardins en terrasses aux buis taillés et ses jeux d'eau. J'aime aussi l'idée que l'âme est un paysage qui change nécessairement avec les saisons. Ainsi mon âme d'aujourd'hui n'est-elle plus tout à fait mon âme d'hier. Est-elle semblable d'ailleurs à ces paysages bergamasques écrasés par le soleil d'été ou à ceux recouverts par la *nebbia*, le brouillard d'hiver qui monte du Pô, d'où émergent quelques tours et clochers ? Est-elle aujourd'hui pareille à ces alpages du Tyrol entourés de falaises un peu croulantes, enveloppées par des écharpes de pluie ? L'âme éternelle serait-elle douée de mimétisme afin de surmonter les périls de la vie, afin de vaincre la mort ?

Hölderlin est bien plus difficile à apprivoiser... Son allemand n'est pas le mien, et il me faut bien des efforts pour rentrer dans son paysage.

DIE AUSSICHT
Wenn in die Ferne geht der Menschen wohnend Leben,
Wo in die Ferne sich erglänzt die Zeit der Reben,
Ist auch dabei des Sommers leer Gefilde...

Que j'essaie tant bien que mal de traduire :

LE BELVÉDÈRE
Quand la vie qui porte les hommes s'en va au loin,
Là où brille au loin, le temps des vignes,
Sont aussi là-bas les champs vides de l'été

Je bute sur les mots, cherche la bonne combinaison essaie de donner du sens à ce rébus linguistique : « Eva, ça ne veut rien dire *Menschen wohnend Leben* – "La vie où habitent les hommes". »

Elle lève les yeux et commente :

« Tu aurais pu choisir quelque chose de plus facile pour toi : Heine, par exemple.

— Il n'y en avait pas chez le libraire. C'était le seul livre de poésie en allemand.

— Pas étonnant... Tu n'avais qu'à commander avant.

— Je m'y suis pris trop tard, on partait le lendemain... Tu comprends, toi, ce que signifie *Gefilde* ?

— C'est du vieil allemand... cela a trait au paysage.

— Tiens, c'est marrant, il utilise le paysage pour décrire les sentiments, comme Verlaine : "Votre âme est un paysage choisi..." Et dis-moi...

— Écoute, laisse-moi un peu tranquille, j'aimerais finir mon article sur les Frères musulmans ! »

Découragé, j'éteins ma frontale en murmurant encore : « Votre âme est un paysage choisi... » Bercé par la pluie qui frappe aux carreaux, le sommeil rattrape mes paroles, laissant le poème inachevé.

Pas de nouvelle de Mischa ce matin ; pas de nouvelle, bonne nouvelle, comme disaient mes parents lorsque je les laissais plusieurs semaines sans leur écrire. Me remémorant son programme au fin fond de la Iakoutie, j'imagine qu'il doit, en ce moment même, suivre une vallée assez large pour rejoindre les premiers *naliedi*, ces glaciers de plaine qui n'existent qu'en Sibérie. Il devrait bivouaquer ensuite sur un socle de roches dures bien plus drainant que les marécages des premiers jours. Les lacs y sont poissonneux. Il est assuré de ne pas mourir de faim. La superficie de cette région couvrirait à elle seule le Jura, les Alpes françaises et la Provence. On n'y compte pourtant que trois villages habités en permanence. Explorer ces immensités, c'est accepter l'incertitude de l'infini et larguer les amarres ; devenir navigateur au long cours autant que marcheur ou cavalier.

Eva et moi attaquons aujourd'hui un long parcours d'arête entre Bavière et Tyrol qui doit nous mener en trois jours à Warth et à Lech dans le Vorarlberg. Nous avons décidé de partir le plus tôt possible, après avoir âprement négocié un petit-déjeuner à 6 heures avec le gardien du refuge peu habitué aux randonneurs au long cours. Après une demi-heure à peine, d'une montée facile, le paysage s'ouvre comme le décor d'un éventail. Il dévoile l'impeccable alignement des crêtes jusqu'à Warth. Nous essayons de visualiser le cheminement mais ne voyons devant nous que falaises, arêtes effilées, sommets infranchissables…

« Je ne vois pas vraiment de passage, s'inquiète Eva.

— Aucun problème, ça passe. Les cartes ont toujours raison ! »

De petits cumulus commencent à se former. Il n'est pourtant que 8 heures : la certitude d'un nouvel après-midi orageux ! Ne perdons pas de temps. Sur le sentier, un troupeau de brebis prend le soleil, se groupant parfois sur des plateformes dominant le vide comme le feraient des bouquetins. Pas de berger, ni de chien… Heureux bergers bavarois qui ne connaissent ni loup, ni patou ! Les brebis suivies de leurs agneaux se dispersent à notre approche pour se réunir un peu plus loin, comme un banc de poissons effrayé par l'arrivée d'un prédateur. Tantôt à flanc, tantôt en équilibre entre Bavière et Tyrol, le sentier se déroule sans difficulté. Nous croisons de temps à autre, une borne frontière dont l'inscription : *Achtung Grenze* – « Attention frontière » – a été recouverte de peinture blanche comme ces vitrines de magasins en dépôt de bilan. Parfois, de grosses flèches rouges peintes sur la roche nous indiquent le bon passage quand la pente se fait trop raide, la trace trop incertaine. Certains pas sont déjà gentiment vertigineux, mais sans exagération : il faut apprivoiser le randonneur et ne pas l'effrayer avant qu'il prenne goût à ces jeux d'altitude.

Je suis partagé entre le besoin d'arriver au prochain refuge avant les orages et l'envie de paresser dans ce décor en cinémascope pour achever une nuit trop tôt interrompue, pour me lancer dans une séance photo ou faire de l'identification botanique. Nous optons pour la sécurité et la vitesse. Cette marche rapide, sans stress, presque sans effort, n'est pas sans plaisir. Nous savourons donc cette montagne à plat ! Notre promenade, ou plutôt notre course, est agrémentée par de rares rencontres : un couple de randonneurs de Freiburg qui descend vers la vallée d'Oberstdorf que l'on devine 1 200 mètres plus bas. Intéressés par notre projet, ils s'étonnent de notre capacité à dessiner notre propre route, à sortir des sentiers tracés. Je me félicite intérieurement que le monde ne soit pas complètement tracé, ni entièrement fini ; qu'il soit encore possible, à quelques heures de nos villes et de nos autoroutes, d'inventer son propre chemin de Compostelle ou d'ailleurs, loin des topos et sites spécialisés... Ailleurs !

Plus tard, un peloton d'athlétiques *Gebirgsjäger*, des chasseurs alpins allemands, lourdement chargés, parcourt la ligne frontière au pas de charge. Ils nous croisent sans ralentir, sans même lever les yeux. Cette charge me rappelle la description que me faisait mon père, simple troufion d'un régiment du train, d'une attaque de l'armée allemande aux environs d'Orléans pendant le Blitzkrieg : « Crois-moi ou pas... ils étaient torse nu et dévalaient la pente, baïonnette au canon, en chantant ! » À tout prendre, je préfère cette nouvelle génération de *Gebirgsjäger*, armés de leurs seuls bâtons de marche. *Es lebe Europa !* – Vive l'Europe !

Nous faisons, bientôt, une autre rencontre, plus pacifique encore : une petite boule de poils perdue sur l'étroit sentier : un marmotton du printemps aventuré loin du terrier maternel, tremblant de peur. Nous essayons de ne pas l'effrayer d'avantage en lui parlant doucement. L'écervelé a de la chance car à cette heure matutinale les aigles, faute d'ascendances, somnolent encore au nid. Mais il ne devrait plus s'attarder. Nous refrénons notre envie de le prendre et de le porter près d'un terrier, ou même de le caresser. Le petit animal, malgré son apparence de peluche, n'appartient pas au monde des humains. Le destin décidera de son sort.

Maintenant, le sentier est taillé dans une pente raide de calcaire délité. Il nous faut nous arrêter en équilibre sur une petite banquette, au bord du vide, pour croiser sans danger un groupe de jeunes Allemands, nos dernières rencontres de la journée.

Après six heures de marche, nous arrivons au pied d'un large couloir qui monte, en se rétrécissant, au Bockascharte, un pierrier instable, relativement raide et partiellement couvert de neige, la première neige de cette grande traversée. Une trace intelligemment esquissée serpente le long d'une paroi verticale. Parfois, elle prend appui sur les rochers pour franchir un éboulis trop branlant. Les ouvreurs ont même installé quelques marches en acier galvanisé sur la roche pour faciliter la progression des randonneurs. Nous arrivons au névé sous le col en début d'après-midi. La neige est suffisamment douce pour pouvoir y faire une trace à plat sans frapper du pied. L'obstacle, facilement franchi, nous nous dirigeons vers un poteau indicateur planté non loin d'un gros cairn, marquant le col et la frontière. Des drapeaux à prières tibétains claquent dans la brise montante. Eva arrive en tête, à peine marquée par l'effort. Nous sommes pleinement opérationnels après trois jours de marche et ne sentons plus notre sac à dos qui fait déjà partie de notre corps.

L'air mystérieux, Eva me fait signe d'approcher, côté allemand. Une grosse plaque de bronze, noircie par le temps et les intempéries, est scellée dans la roche :

« EN MÉMOIRE DE NOTRE CAMARADE DE MONTAGNE
TOMBÉ SUR LA FACE OUEST DU FUCHSKARSPITZE :
LIEUTENANT HANS WINKLER, LE 25 JUILLET 1936 »

Au bas de la plaque, l'aigle de la Wehrmacht, aux ailes déployées, enserre un globe dont la croix nazie a été effacée à coups de marteau ou de pierres. 1936, l'année des jeux Olympiques de Berlin, du Front populaire, de l'alliance entre les nazis allemands et les fascistes italiens. Une année où tout reste encore possible, où l'Europe respire encore, même si son souffle se fait de plus en plus court ! Malgré ce sinistre symbole, je suis ému par ce message d'outre-tombe. J'imagine Hans Winkler : un tout jeune homme, d'Oberstdorf ou de Kaufbeuren, un gars de la montagne, comme moi, un alpiniste comme Mischa, rêvant de bivouacs suspendus, de faces nord, de goulottes sans fin. Ne sommes-nous pas tous des enfants trop vite grandis, nazis et talibans compris ? L'apparence est parfois trompeuse. Ainsi, le rythme guerrier, les accents héroïques à grand renfort de tambours et de cuivres de l'hymne *Edelweiss* des *Gebirgsjäger* contrastent étrangement avec la douce naïveté des paroles :

« Il y avait une petite fleur,
Je ne pus m'empêcher de la cueillir
Et l'offrit à la plus belle et très chère demoiselle.
Il y avait un edelweiss
Un petit edelweiss
hollalidiho die hollala
holdadhidiho... »

Hans Winkler, un enfant trop vite grandi, trop vite tombé. Je pense alors à *Opa* Willhem, le grand père d'Eva, l'ancien caporal de la Wehrmacht, simple cuistot décoré de la croix de guerre de première classe pour avoir sauvé le rata sous la mitraille, prisonnier à Stalingrad, rescapé des camps russes ; peut-être grâce à ses talents pour accommoder les restes ? Je pense à *Opa* Edmund, son grand-père maternel, mineur de fond sarrois, exclu de l'Église catholique pour militantisme socialiste, inquiété par les nazis mais jamais arrêté car trop précieux pour la production nationale de charbon. Je pense à Rudi, son oncle, qui pendant l'hiver 1945, malgré ses 16 ans, fut invité à signer, à la sortie du lycée, un engagement dans la Waffen SS, déguisé en service civique obligatoire. Hésitant, il demanda au recruteur à faire lire le contrat à sa mère avant de signer. Il évita ainsi une mort certaine.

Que serais-je devenu si j'avais été un jeune montagnard bavarois, en 1936 ? Loin des traditions socialistes de la Ruhr ou de la Sarre, loin des grandes villes, des autodafés et des exactions contre les juifs, informé par les seuls journaux locaux, n'aurais-je pas, moi aussi comme Heinrich Harrer, comme, sans doute, Hans Winkler et ses camarades, été fasciné par les destins tragiques de Willi Merkl, d'Alfred Drexel, de Willo Welzenbach tombés sur les granits du Nanga Parbat et célébrés par les nazis ? N'aurais-je pas été sensible à la propagande de l'État, aux appels du très respecté Hans von Tschammer und Osten, le ministre des Sports du IIIe Reich qui glorifiait l'alpinisme comme un sport de seigneurs : « Pas besoin d'apprendre à l'alpiniste à combattre, car l'alpinisme, c'est le combat. »

LES LONGS CRÊTS
26 juillet 2013

L'HERBE TREMPÉE par la rosée du petit matin déborde sur le sentier. Nous traversons des fourrés de vernes pour en ressortir imbibés, grelottants, et hâtons le pas pour ne pas attraper la mort. La journée commence par une longue traversée au pied d'une impressionnante falaise nord suivie par une descente raide dans un terrain glaiseux, incertain. Eva, mal à l'aise, se retient de branche en branche, calcule chacun de ses pas. Je m'impatiente :

« À ce rythme-là, on n'est pas arrivés... Nous en avons au minimum pour neuf heures !

— Tu sais que je n'y vois pas bien à mi-distance.

— Bon, moi je veux bien... Mais il faut arriver au Sattel avant l'après-midi. »

Der Sattel : la selle, une longue crête que nous devons emprunter sous la menace des orages prévus dans l'après-midi. Je reprends la tête et presse le pas. Quelques secondes plus tard, Eva glisse et atterrit sur les fesses entre les branches d'un aulne vert. Je l'aide à se relever puis, voyant qu'elle ne s'est pas fait mal, continue mon chemin avant d'être interpellé :

« Tu pourrais ralentir, je n'arrive pas à te suivre.

— Je ne vais pas bien vite.

— Tu vois bien que j'ai glissé.

— C'est un problème d'équilibre, pas de rythme !

— Tu pourrais au moins m'attendre dans les passages délicats.

— Passages délicats !... Tu n'exagères pas un peu. Tu as deux jambes, deux bâtons et un cerveau.

— Toi et ton empathie !

— Tu me fatigues... Ce n'est quand même pas de ma faute si tu n'as pas confiance dans tes pieds. »

Parole après parole, le ton monte. J'en ai un peu marre de me faire houspiller parce qu'Eva manque de confiance dans ses capacités ou bien parce qu'elle ne me fait pas confiance. Il lui suffirait pourtant de suivre mes pas, d'y aller franchement. Mais non, elle réfléchit, hésite à mettre tout son poids sur une jambe. J'entends :

« Tu commences à me faire ch... »

Alors, j'accélère le pas dans la montée du col, autant pour me mettre à distance de ses récriminations que pour lui montrer que le rythme suivi jusqu'ici était loin d'être intenable. Notre première engueulade depuis le départ...

Arrivé au col, alors que les premières lueurs de soleil commencent à éclairer la montagne, je l'attends cependant, sans impatience mais un peu coupable : après tout nous ne sommes pas à dix minutes près ! Eva a raison lorsqu'elle me reproche de ne pas être sensible aux autres, ni à mon environnement, quand j'ai un objectif en tête. Elle me rejoint le visage fermé. Je sais pourtant que sa colère ne durera pas. Dans la descente, nous trouvons un compromis silencieux : je raccourcis un peu le pas alors qu'elle l'allonge. Je l'aide à franchir un obstacle, sans un mot, car il faut que les blessures guérissent à l'air libre. Nous atteignons après vingt minutes la première tache de soleil et nous nous y arrêtons pour nous réchauffer, nous restaurer d'une barre chocolatée.

« Alors Colette, ça va mieux ?

— Je n'enlève rien à ce que je t'ai dit, me répond-elle en clignant des yeux...

— Je sais, je sais... »

Le sentier se glisse maintenant entre deux tombants. J'aimerais prendre un raccourci entre ces barres rocheuses mais ne vois aucune solution évidente. Nous rejoignons donc l'Eissee, un lac suspendu, blotti dans une combe. Afin de respecter notre horaire, nous ne nous y arrêtons pas et attaquons une sente qui ondule, se redresse puis se perd entre des blocs de rocher sur une fine arête. Nous naviguons entre deux vides : à gauche une falaise qui surplombe l'Eissee qui rétrécit peu à peu, à droite une impressionnante rampe herbeuse. Nous nous concentrons donc sur chacun de nos pas. Lors des arrêts photo, je prends soin de tester mes appuis, afin d'éviter tout déséquilibre. Nous nous élevons, mètre après mètre, sur cette arête qui semble ne plus finir et s'envoler dans le bleu du ciel. Enfin nous arrivons au sommet. De là, nous suivons le *Sattel*. Cette crête, parfois très étroite s'allonge sur plusieurs kilomètres jusqu'à venir buter contre une nouvelle muraille. Après une heure de chevauchée, la selle s'élargit. Nous pouvons enfin relâcher notre attention. Rassurés par l'évolution pacifique des nuages, nous prenons le temps de pique-niquer sur une banquette herbeuse dominant un troupeau de bouquetins mâles qui évoluent 50 mètres plus bas au-dessus du vide. Non loin de là, une petite plaque en cuivre nous rappelle la mort d'un tout jeune homme, foudroyé sur cette crête voilà vingt ans. L'éternelle jeunesse ne consiste-t-elle pas à mourir jeune ?

Je ne peux m'empêcher de penser à Mischa, pour chasser immédiatement cette idée morbide de ma tête. Voilà deux jours que je n'ai plus de nouvelles ; il devrait maintenant être près des grands lacs où il doit séjourner quelques jours.

Après une courte sieste, nous traversons d'interminables champs de pierres grises à l'ombre de la grosse muraille. Parfois, les restes d'une vieille coulée de neige nous obligent à taper du pied pour faire la trace. Malgré cette ambiance de face nord, nous progressons sans nervosité car la pente n'est plus extrême. Enfin, nous passons un cap et basculons au soleil dans un vaste et vert vallon suspendu. J'ai renoncé à imprimer cette partie de l'itinéraire estimant qu'elle ne posait aucune difficulté. Sans carte pour suivre notre progression, je me sens, cependant, un peu orphelin, un orphelin bientôt rassuré par la vue de Kemptner Hütte un peu plus bas.

Nous y arrivons en milieu d'après midi, un peu plus de neuf heures après notre départ. L'imposante bâtisse

domine le paysage avec ses quatre niveaux. Elle foisonne de promeneurs et de randonneurs se déséquipant devant l'entrée ou se désaltérant sur la terrasse au soleil. Nous déposons nos chaussures et nos bâtons de marche dans une grande salle équipée de bancs et de casiers impeccablement alignés, sas obligé pour monter à la réception. Martin, un géant blond, nous accueille derrière son comptoir avec un bon sourire. Apprenant que nous venons de Prinz Luitpold, il nous félicite pour notre temps de parcours, puis, après avoir vérifié notre réservation et nos cartes CAF, nous confie la clé de notre petite chambre de cinq lits. Nous déposons sans tarder notre barda en vrac et nous nous hâtons aux sanitaires afin d'éviter une trop longue attente. Le refuge, complet ce soir, ne compte en effet que quatre douches pour près de trois cents lits. Malgré cette affluence, la propreté du bloc sanitaire est tout à fait germanique, c'est-à-dire irréprochable. J'attends mon tour, une dizaine de minutes, derrière quelques hommes poilus, un peu bedonnants, qui s'effeuillent comme des stripteaseuses, alors que la file progresse. Profitant du grand miroir au-dessus des lavabos, je me rassure en comparant mon embonpoint au leur, tout en jouant des abdominaux pour amincir ma silhouette. Enfin, je pénètre nu dans le saint des saints, glisse ma pièce de 2 euros dans le minuteur puis, après m'être assuré de la température de l'eau, me laisse aller, dégoulinant d'eau chaude dans une douce béatitude, lapant les ruisseaux qui coulent de mon nez comme une gouttière qui déborde. Le paradis doit ressembler à ces moments-là.

Fleurant le savon de Marseille, habillés de nos vêtements propres du soir, nous nous dirigeons vers la terrasse. Celle-ci étant pleine, nous refluons vers l'une des trois salles de restaurant. Martin et Gabi, derrière le bar, y dirigent sans agitation une équipe de quatorze personnes, dont cinq jeunes serveuses en habit traditionnel qui virevoltent autour de nous les bras chargés de gros bocks de bière. Pour moi ce sera un *Apfelschorle*, un cocktail d'eau minérale et de jus de pomme, idéal pour se réhydrater, et pour Eva une eau minérale bien sûr.

Profitant d'une brève accalmie, je questionne Martin sur son métier, sur les caractéristiques des refuges allemands. Il me raconte ainsi avec fierté l'histoire plus que centenaire de « son » refuge, un des plus grands des Alpes, et m'emmène voir le monte-charge à câble qui lui permet de s'approvisionner, depuis la vallée. S'amusant de ma surprise en voyant une cinquantaine de fûts de bière empilés sur la plateforme, il m'avoue en écouler près de 2 000 litres par semaine en haute saison, soit une très honnête moyenne d'un litre par personne, enfants compris ! L'utilisation presque systématique de téléphériques privés explique en grande partie les prix très raisonnables pratiqués dans les refuges allemands.

Ici, comme en France, le débat sur les refuges reste vif entre les conservateurs et les novateurs. Les premiers portent des chemises à carreaux et souhaitent garder l'esprit montagnard, un peu spartiate ; les autres souhaitent élargir la clientèle en offrant plus de confort, plus de services. Les clubs alpins ont choisi un consensus à l'allemande : les refuges gardés, de plus en plus confortables, s'ouvrent au plus grand nombre, mais les puristes peuvent aller dans des refuges non gardés, spartiates certes, mais soigneusement entretenus. Alors que je m'étonne de la grande capacité d'accueil de son refuge, Martin m'explique qu'elle est largement justifiée par l'étroitesse du domaine alpin allemand et par une très forte fréquentation du massif. Je suis effectivement surpris par la faible moyenne d'âge des clients dans la salle : peu de retraités, mais une majorité de jeunes gens qui partent faire l'E5, la route d'Oberstdorf à Merano en Italie, qui est aux Allemands ce que le tour du Mont-Blanc est aux Français.

Notre salle se remplit peu à peu. Martin retourne à son service. Deux anciens s'approchent de notre table et nous demandent poliment s'ils peuvent s'asseoir avec nous. Le plus grand, sec, un peu voûté, a une belle chevelure blanche en désordre, encore mouillée de la douche. Il me fait penser au Frison-Roche des années sahariennes. Les taches brunes qui lui dévorent le visage et les mains, ses veines saillantes, trahissent son âge : 75 ans ou même plus. Karl, puisque c'est son nom, vient d'une petite ville à la lisière orientale de la Forêt-Noire : Freudenstadt, la « ville de la joie ». Sa voix est douce et son allemand limpide. Je n'ai pas besoin de l'aide d'Eva pour me mêler à la conversation. Ancien ingénieur maison dans une petite société d'outillage, il n'a découvert la montagne qu'après sa retraite et son veuvage, en suivant d'anciens collègues au club alpin allemand de sa ville. Voilà dix étés qu'il sillonne les Alpes centrales et orientales avec son ami Manfred. Cette année, ils repartent sur le parcours d'Oberstdorf à Merano.

Manfred sort d'un tout autre moule : petit, râblé, le cou épais, le visage empourpré. Il porte un collier de barbe grise, peut-être pour compenser une calvitie très avancée, qui le fait ressembler à l'un des nains de Blanche-Neige, un nain aux yeux clairs en perpétuel mouvement. Resté silencieux pendant les présentations, il s'exprime à présent, en lâchant quelques bribes, toutes en *sch*. Je ne comprends pas un mot à son jargon et jette un regard interrogateur à Eva. Parle-t-il seulement allemand ? La conversation semble pourtant amuser Eva et Karl, qui sourient et partent même dans un fou rire.

« Ah, vous êtes donc un vrai Souabe ! » s'esclaffe Eva.

Un Souabe donc : Eva m'a souvent parlé de ce petit peuple, d'origine incertaine, un temps allié aux Vandales. Persécutés, ils auraient trouvé refuge en Galice et au Portugal, ainsi qu'entre Bavière et Bade-Wurtemberg. Ils sont souvent moqués par les Allemands des villes pour leur dialecte incompréhensible et leur souci de l'économie. Réputés, travailleurs, taiseux et tenaces, ces solides paysans ont inventé un dicton brocardé dans toute l'Allemagne :

« Travaille, travaille dur
Construis-toi une petite maison
Avant de regarder les filles »

Karl, voyant que je décroche de la conversation, me traduit en Hochdeutsch, l'allemand littéraire, les répliques de Manfred qui s'amuse des blagues d'Eva sur les Souabes. Le trio essaie de m'initier aux subtiles différences entre les régions et les peuples allemands. Ainsi, Karl, un Badois, voisin de la Souabe, se sent beaucoup plus proche des Alsaciens, d'autres voisins : « Nous sommes, comme eux, des gens du Sud », prétend-il. Du Sud... Je souris en me rappelant mes années marseillaises, quand je considérais Avignon comme une lointaine Sibérie ! Je taquine les deux compères en leur vantant les Alpes françaises, m'étonnant de voir si peu d'Allemands randonner en France. Ils me retournent la question :

« Mais en Allemagne, nous ne voyons pas non plus de randonneurs français.

— Certes, mais les Alpes françaises sont plus grandes, plus hautes.

— Ah, ces Français... toujours la grandeur ! se moque gentiment Karl... Mais savez-vous que les Alpes germaniques couvrent près de la moitié des Alpes ?

— Ah, c'est sûr, si vous comptez le Tyrol italien jusqu'à Bassano ! »

Manfred sourit dans sa barbe :

« Ach, diese Franzosen... »

Redevenant sérieux, il nous chuinte un cours d'économie montagnarde :

« Eh puis tu sais, ici, c'est pas très cher. La France est hors de prix. Dans un refuge français tu ne peux pas manger pour moins de 20 euros... Je sais pas comment les Français font pour aller en montagne. »

HEILBRONNER WEG
27 juillet 2013

DÉCEPTION : malgré un réveil aux aurores, nous sommes déjà nombreux à nous préparer, l'air concentré, sans un mot, dans la salle aux chaussures. Je sors le premier et attends Eva sur le pas de la porte, en regardant avec inquiétude la salle se remplir. Voilà maintenant plus d'une heure que nous sommes levés ! Eva finit de lacer avec une infinie lenteur ses chaussures, vérifie trois fois le rangement de son sac à dos, règle ses bâtons de marche. Enfin, alors que je vais lui rappeler que nous avons un horaire à tenir, elle me rejoint avec un tout petit sourire, un peu inquiète de cette étape, l'une des plus longues et difficiles de notre traversée. Sans plus tarder, nous nous intercalons entre deux groupes de jeunes Allemands qui montent en file indienne vers le Mädeljoch, le col de la Jeune-Fille, à peine 100 mètres plus haut, où déjà le soleil commence à pointer.

Soulagement : notre petit train de randonneurs continue sa route sur les rails de l'E5 vers la verte vallée du Lech, deuxième étape du circuit Oberstdorf/Merano.

De nouveau seuls, nous cheminons avec bonheur entre les pans de roche creusés par l'érosion, empruntant tantôt d'étroits couloirs, tantôt de paisibles vires, pistant l'une après l'autre les marques de peinture blanche et rouge du balisage. Dépassant un premier promontoire, j'enlève un instant mes lunettes de soleil afin de profiter des couleurs vraies, du contraste entre les blancs, les gris et les beiges de la roche éclairée par le soleil encore rasant, du bleu profond, presque océanique, du ciel. Aucune trace de nuage ; tout risque d'orage semble écarté pour la journée. Nous nous en félicitons car la foudre, sur cette longue ligne de crête, transformerait cette randonnée alpine en une périlleuse séance de roulette russe. Une heure à peine après le col de la Jeune-Fille, nous foulons une herbe rase dans une petite combe occupée par plusieurs grandes flaques souillées de crottes toutes fraîches : noires, rondes et ovales, disposées en petits tas.

« Léo, tu crois que ce sont des moutons ?

— Cela m'étonnerait que les bergers montent jusqu'ici. Trop de caillasse, peut-être des bouquetins ? »

Le sentier s'élève à présent en zigs et en zags bien marqués, entrecoupés de coulées de neige dure et sale. Cent mètres plus haut, un couple âgé, dépourvu de bâtons de marche, descend avec d'infinies précautions en prenant soin de ne pas s'écarter de la trace. Un sifflement bref attire notre attention : quatre bouquetins mâles traversent le chemin, plus haut encore, pour s'élever vers les crêtes. Le plus gros s'est arrêté pour nous observer. Rassuré par notre lenteur, il rejette la tête en arrière pour se gratter l'échine avec ses longues cornes. À notre tour, nous marquons un temps d'arrêt. Le petit groupe s'élève sans effort, nonchalant. Il contourne un maigre névé pour buter contre une deuxième coulée de neige, plus raide et plus large. Le mâle dominant, après un moment d'hésitation, prend la tête et, comme le ferait un guide, fait la trace que suivent docilement les autres. De nouveau, ils rejoignent le pierrier à notre verticale et accélèrent alors la cadence. Des petites pierres giclent sous leurs sabots et dégringolent en cascade pour s'arrêter à quelques mètres au-dessus de nous. Il nous faut rester vigilants.

« Attention ! » me crie Eva. Le meneur a fait partir une pierre grosse comme une boîte à chaussures, qui rebondit de roche en roche, accélère. Elle vient sur nous ! Nous nous précipitons sous un bloc, juste à temps pour l'entendre siffler avec de graves accents au-dessus de nos têtes et parcourir encore, de bond en bond, une centaine de mètres. Nous restons comme cela, à plat ventre, quelques secondes, le nez dans les cailloux, la tête protégée par nos sacs que nous avons remontés, en attendant que l'alerte passe. Maudits soient ces ongulés aux pieds de cantonniers !

Non loin des crêtes, l'itinéraire sinue entre de gros blocs de rochers cimentés par une neige dure de plus en plus présente. La pente, encore faible, nous permet d'évoluer sans crampons ni piolet. Méfiance, cependant ! Un passage en dévers me fait hésiter à sortir le petit bout de corde enfoui au fond du sac. Il y restera pour le moment car il nous suffit d'un peu d'attention et d'équilibre pour franchir l'obstacle. La neige a envahi à présent le paysage : un vaste cirque surmonté par des falaises dolomitiques disposées en gradins, réceptacle d'un petit glacier : le Schwarzmilzferner.

« Eva, ça veut dire quoi *Milz* ?

— Rien de compréhensible. C'est un organe au-dessus des intestins. Comment tu dis en français ? »

Elle me montre un point sous le cœur.

« Le rein ?

— Non... Plus haut et plus petit... Ah zut !

— La rate ?

— Oui, c'est ça.

— Je ne comprends pas ; ça ne veut rien dire : la “rate noire lointaine”...

— Je t'avais dit que ça ne voulait rien dire... Mais peut-être qu'en dialecte *Milz* a une autre signification. »

Rate ou pas rate, notre petit glacier est le plus septentrional des Alpes, sans doute l'un des moins hauts, à peine 2450 mètres. Pour notre fortune, il n'est pas crevassé malgré son épaisseur respectable. Nous le traversons, sans nous presser. Le cirque se transforme bientôt en four solaire ramollissant la neige recouverte d'une fine pellicule rouge : des algues ou du sable du Sahara ? Nous profitons de ces instants, les tripes un peu nouées, car nous savons que la suite sera plus compliquée. Après une vire facile, nous descendons dans une brèche sombre en équilibre précaire entre deux pentes qui fuient notre regard. Il est nécessaire de mettre les mains pour en sortir. Eva pousse un cri de surprise : un homme casqué équipé d'un harnais et d'une longe surgit soudain derrière une paroi à l'ombre. Nous le croisons en nous collant au rocher.

« Tu es sûr que ça passe sans équipement ? demande Eva, visiblement inquiète par l'ambiance très alpine de ce nouvel environnement.

— Oui, j'ai regardé sur Internet...

— Mais pourquoi alors a-t-il un harnais ?

— Arrête de faire ta Colette... »

Je ne sais quoi lui répondre d'autre. Certes je me suis renseigné sur le Heilbronner Weg, mais je n'ai aucune certitude que les passages délicats passent sans harnais ni longe.

« On verra bien plus tard, pour le moment ça passe... »

Eva secoue la tête désabusée, car elle connaît par cœur mes manœuvres pour franchir les obstacles malgré ses réticences. Nous reprenons donc notre progression en suivant la ligne d'un câble installé sur une série de poteaux scellés dans la roche.

« Si ça continue comme ça... On fait demi-tour, s'énerve Eva !

— Cool Colette... Il fait beau, nous sommes dans les temps, et pour le moment on se débrouille plutôt bien. »

Il n'empêche que la trace devient résolument raide, avec maintenant quelques passages d'escalade facile.

« Léo, monter, c'est toujours facile... Mais comment va-t-on descendre des passages comme ça ?

— Ne t'inquiète pas, j'ai toujours la corde ! »

Alors que la tension monte, nous sommes sauvés par le soleil qui revient et les rires d'un groupe d'adolescents accompagnés de leurs parents qui descendent sans grande difficulté. S'ils portent des casques, ils n'ont pas de harnais.

« Tu vois, s'ils passent, nous pouvons passer.

— Oui, mais ils ont tous des casques, rétorque Eva.

— Oh, tu sais, les casques sur une crête, ce n'est pas très utile ! »

Un dernier raidillon : nous rejoignons le premier sommet de la journée, à 2600 mètres : le Bockkarkopf, la « tête des Bouquetins », marqué par un cairn et bordé de falaises. De là, nous visualisons le parcours de la journée : gaz à tous les étages comme on dit chez nous ! Plongeant de nouveau dans l'ombre, nous désescaladons une pente rocheuse pour déboucher sur une nouvelle brèche. Des câbles sont installés le long des parois pour franchir les passages les plus exposés. L'heure avance ; il est maintenant 10 heures passées. Nous croisons plusieurs groupes harnachés comme des himalayistes, parfois accompagnés de guides de haute montagne, venant du refuge Rappensee. Plusieurs avancent avec peine dans ce terrain très alpin.

Alors que nous marquons un arrêt, un homme un peu âgé, à 50 mètres de nous, quitte soudain la vire pour s'engager, avec précaution sur une pente instable surplombant une barre rocheuse. Une silhouette fragile, immobile, est restée sur la vire. Nous entendons un : *« Nein, nein, nein… »*

« Attention, c'est dangereux, lui crie Eva, alors que nous les rejoignons en pressant le pas.

— Ma femme a laissé tomber sa montre... Elle est juste là, dessous !

— Si vous continuez comme ça, vous allez perdre beaucoup plus que votre montre », lui réplique Eva d'un ton sévère.

Sans attendre la conclusion de cette discussion, je pose mon sac à terre, sors mon bout de corde. Après l'avoir passé à l'épaule, m'être calé dans une fissure, je la lance au randonneur imprudent. Mais comment dit-on « accrochez-vous ! » ?

« Nehmen Sie fest !

— Halten Sie sich fest », corrige Eva.

L'imprudent saisit la corde précautionneusement afin de ne pas être déséquilibré. Les pierres roulent sous ses pieds et volent dans le vide. De l'autre main, il se penche et récupère la précieuse montre. Il se hisse alors, en soufflant et en suant, sur la fine corde qui me scie l'épaule et le cou. De nouveau en sécurité, il serre sa femme contre lui. Elle pleure discrètement.

Notre BA de la journée assurée, nous reprenons l'itinéraire qui se radicalise, se redresse encore : étroite vire d'un ou deux pieds de large, rampe fortement inclinée, échelle en équilibre au-dessus d'un à-pic, étroite goulotte. Le vide devient omniprésent sur ce *Klettersteig* – via ferrata. Les câbles, passerelles et marchepieds permettent une progression en relative sécurité malgré notre absence d'équipement. Seuls les croisements demandent une attention soutenue. Deux heures après les premières difficultés, nous faisons enfin halte sur une plateforme de calcaire inondée de soleil afin de relâcher un peu la tension accumulée. Deux randonneurs d'âge moyen nous y rejoignent. Comme nous, ils parcourent le Heilbronner Weg mais à contre-courant. Dieter, le plus jeune, porte une chemise à carreaux bleus comme ses yeux : un vrai Bavarois comme l'indique la médaille du club alpin de Kempten épinglée sur son sac à dos. Il a parcouru le Heilbronner Weg des dizaines de fois. Chaque printemps, avec ses camarades de *Sektion*, il monte vérifier les scellements des câbles avant d'ouvrir la voie aux randonneurs. Parfois, pour cause de neige tardive, l'inspection, prend des allures d'expédition, obligeant les inspecteurs à évoluer encordés. Handicapé par un genou douloureux, Dieter n'y est pas monté depuis plus de trois ans. Les yeux humides, il nous avoue que ce 27 juillet 2013 est pour lui une nouvelle naissance : sa première sortie en montagne depuis son opération. Son compagnon le regarde plein de bienveillance, tendresse même, ému de partager son bonheur. Nous profitons de leur présence pour les questionner sur la suite des opérations : y a-t-il encore beaucoup de passages câblés, vertigineux ; comment passe-t-on la falaise qui file en dessous de nous ? Les deux amis nous rassurent ; nous avons fait le plus dur. Je sens bien qu'Eva serait plus rassurée si nous faisions la route ensemble, mais les deux amis lézardent au soleil, profitant de chacune de ces minutes.

« Allez, Eva, on a encore de la route à faire ! »

Une centaine de mètres plus tard, après une nouvelle brèche, nous repassons en face nord. Notre bel enthousiasme subit un arrêt brutal. Il nous faut en effet franchir une pente en neige dure dominant une falaise de 200 mètres. Sans piolet ni crampons, nous descendons, la mine crispée, de vagues marches en nous équilibrant avec nos bâtons. Suit alors un éboulis peu protégeable. Une corde ne suffirait qu'à nous donner une fausse impression de sécurité. Nous ralentissons encore, testant chacun de nos pas, avant d'y transférer notre poids. Enfin, nous traversons la « porte de Heilbronner », un étroit tunnel qui marque la fin des grosses difficultés. Quelques pas de désescalade protégés pas un câble nous permettent de reprendre contact avec le plancher des vaches alors que des ferratistes, plus haut, font voltiger une averse de cailloux…

« Ah oui, les casques sont effectivement inutiles ! » se moque Eva, abritée sous son toit de roches.

Ces émotions, l'attention nécessaire pour évoluer en sécurité, m'ont fait complètement oublier le sort de Mischa. Maintenant que le sentier se déroule sans difficulté vers le refuge Rappensee, les craintes remontent une à une. La météo ne laissait guère d'espoir. Il a dû se prendre cinq jours de pluie, peut-être de neige, sans pouvoir s'arrêter, car il n'a que douze jours de nourriture. A-t-il seulement pu trouver refuge auprès des nomades, éleveurs de rennes, près des grands lacs ?

Nous arrivons au refuge Rappensee vers 14 heures, après plus de sept heures de marche. Nous sommes fourbus. J'allume le téléphone mobile, j'ai du signal :

quelques barrettes... Je respire : pas de message. J'en profite pour appeler madame Strolz, notre logeuse, pour lui annoncer une arrivée tardive, vers 18 heures. Avant de reprendre la route, nous faisons une halte salutaire dans ce paquebot des neiges, presque luxueux. Il y a foule sur la terrasse car l'accès au refuge n'est guère difficile. Après notre désormais traditionnel *Apfelstrudel*, nous reprenons la route en coupant à travers les alpages, afin de gagner quelques précieuses minutes, quitte à torturer nos genoux et nos chevilles. Nous contournons ainsi la silhouette « cervinesque » du Rappenseekopf. Malgré nos désirs de sentier à flanc de prairie, la trace nous mène tout droit dans un étroit et lugubre canyon de schistes noirs.

« Tu es sûr de ton coup ? me demande Eva, visiblement exténuée.

— Je crois, oui.

— Mais il n'y a plus de traces de peinture.

— Comment veux-tu peindre sur de la roche pourrie ? Mais ça ne peut que passer là !

— Tu m'avais dit que Warth était à deux heures du refuge... Et voilà deux heures que nous sommes partis.

— Je me suis trompé, voilà tout !

— Voilà tout ! répète-t-elle, agacée par ma réponse. Elle est trop longue cette journée, je suis épuisée.

— Moi aussi.

— On aurait dû s'arrêter pour dormir à Rappensee... Tu en veux toujours trop !

— Dis, tu ne vas pas jouer ta Colette... Tu sais bien que l'étape de demain aurait alors été trop longue. »

La conversation dérive, s'agace, s'échauffe. Nous sommes tous les deux épuisés et n'avons pas d'autre choix que de continuer, de poursuivre jusqu'à Warth. Afin d'échapper au courroux de ma compagne, j'accélère un peu alors que nous arrivons au fond du canyon. Qu'y puis-je après tout ? La dernière montée débouche sur une vaste combe fleurie. Un jeune chamois détale à mon approche et se perd dans les hautes herbes. Plus loin, perdus au milieu des rhodos – *die Alpenrosen*, les roses des Alpes selon les germanistes –, une femme et son fils marchent vers moi avec hésitation.

« Bonjour, avez-vous une carte ? » me demande-t-elle.

La question est de pure politesse car je porte ma carte, pliée dans son étui, bien en évidence sur ma poitrine.

« Nous sommes égarés, nous voulons descendre à la Schwarze Hütte et notre carte est trop inexacte. Nous n'avons rencontré personne depuis plus d'une heure.

— Laissez-moi voir votre carte... »

Celle-ci bien que sommaire me semble largement suffisante. Je sors ma boussole, fais un point précis en me calant sur le Biberkopf et le Rappenseekopf qui nous dominent. Je lui décris alors l'itinéraire qu'ils doivent suivre pour retrouver un chemin balisé. Eva me rejoint et continue sa marche sans un mot, sans un regard. Je m'éloigne un instant du sentier pour longer un petit lac entouré de linaigrettes et de carex. Nous franchissons enfin le dernier col de la journée, à la frontière de la Bavière, du Tyrol et du Vorarlberg. Nous sommes à peine capables de descendre le sentier qui zigzague entre les sapins. La chaleur se fait de plus en plus lourde. Impossible de nous arrêter plus de quelques minutes car l'heure tourne et parce que nous deviendrions immédiatement les victimes des frappes chirurgicales des taons et autres diptères. Nous marchons donc, à l'économie, en soulageant à l'aide de nos bâtons nos articulations qui grincent et protestent. Nous sortons enfin de la forêt, traversons plusieurs troupeaux réfugiés à l'ombre des résineux. Une rumeur musicale monte de la vallée, quelques applaudissements : une fanfare ?

Le retour à la civilisation prend la forme d'une chapelle lilliputienne avec son clocher à bulbe : murs blancs, toit de bardeaux... Les habitants du hameau ont dressé l'autel avec une nappe blanche brodée de motifs naïfs, une bougie rouge restée allumée, un crucifix et des bougeoirs en argent, des fleurs en plastique colorées. Sur une étagère, ils ont placé des statuettes de saints comme de gros santons. Au-dessus de l'autel, une vierge peinte tient l'enfant Jésus accroché à son cou, comme s'il voulait l'embrasser avec ses petites lèvres rouges, un peu trop pointues, un peu trop fardées : bref rappel de mes années d'enfant de chœur, quand la foi me permettait de répondre à bien des interrogations. Au milieu de la pièce, une corde à nœuds pour sonner la cloche...

Le dernier kilomètre est purement odieux. Nous reprenons brièvement contact avec le goudron qui fond sous nos pieds, laissant nos empreintes sur la modeste route. Nous nous en échappons pour gravir une colline et atteindre le village. Assoiffé, affamé, je sens monter dans les mollets et les cuisses les signes annonciateurs de crampes. Nous arrivons, après quelque douze heures de voyage, au terme de notre étape : une ferme assiégée par une multitude de pétunias, géraniums et lupins ! La maison semble sortie tout droit d'un conte de Grimm, peut-être celle de Hans et Gretel avec ses murs en tavaillons, couleur de pain d'épice, les tuiles du toit, couleur de chocolat. Frau Strolz, n'a pourtant rien d'une sorcière, plutôt une grand-mère épanouie. Elle nous accueille avec un sourire rassurant, un peu surprise de ne pas voir notre voiture.

« Bienvenue... Mais vous arrivez d'où ?

— De Kemptnerhütte.

— Vraiment ? Vous devez être fourbus ! »

Lentement, nous enlevons nos sacs à dos. Nous nous asseyons sur le banc en bois, face au soleil couchant, et délaçons une à une nos chaussures, savourant par avance l'instant où nous serons pieds nus.

Deuxième partie

VORARLBERG

LES EAUX GRISES
28 juillet 2013

La chaleur qui, depuis le refuge Landsberger, nous accompagne est devenue intolérable. Dans le grand lit double, je me tourne et me retourne sans perturber Eva qui récupère de notre trop longue journée. Je me lève, écarte le rideau. La lune, gibbeuse, traîne son ventre encore plein contre les cimes. Sa lumière opaline magnifie la montagne qui m'apparaît comme un lavis de Victor Hugo avec ses tours et ses ombres démesurées.

Je me recouche, cherchant vainement le sommeil, malgré un corps qui n'en peut plus... Mischa est debout, de dos, sur une rive de galets, dans le dernier défilé qui mène au bassin de la Moma. Je ne peux voir son visage. Il pleut. La neige a blanchi cette nuit la partie supérieure du paysage, couchant un peu plus les pins cembros qui semblent à présent ramper sur les pentes nues des Tcherski. Cinquante mètres derrière lui, ou peut-être moins, un groupe réfugié dans la tente mess, immobile, hausse la voix. Pour se donner du courage ? Pour lui donner du courage ? Bizarre... Il a mis son casque, enfilé son harnais. Pourquoi ? À présent, je le vois clairement : il a chaussé ses « grosses », noué une corde à son harnais. L'air triste, résigné, il se retourne une dernière fois vers le groupe et dit : *« Adiós Amigos »* ou *« Bis bald »*, ou quelque chose comme ça, puis, après une ultime hésitation, s'avance lentement, presque au ralenti, vers les eaux grises coiffées d'écume. Elles entament immédiatement un numéro de rodéo, bondissant entre d'énormes blocs de rochers qui oscillent sous le choc et roulent avant de disparaître dans les flots. Le groupe – quelques Occidentaux, deux ou trois Évènes avec leurs petits chevaux blancs – s'est approché de la rive.

Mischa progresse abrité par un rocher lisse et rond, où l'eau ne fait que glisser. Il a encore la force de plaisanter comme pour se persuader que le danger n'existe pas. Ses paroles sont couvertes par le tumulte menaçant. Le voilà maintenant au milieu de la rivière. Les autres, voyant leur salut approcher, applaudissent en riant. Devant lui : le torrent se déchaîne sans obstacle pour calmer sa fureur – 5 mètres au moins à traverser sans aucune protection. Mischa tente de sonder le fond avec son bâton qui valse avec le courant tout en s'enfonçant jusqu'à la garde. Je le vois clairement hésiter une nouvelle fois. Il se retourne vers moi, comme pour me demander conseil. J'essaie de crier : « Arrête ! Reviens, je t'en supplie ! » Mais aucun son ne sort de mon corps endormi. À court de vivres, sans possibilité de recharger la batterie de son téléphone satellite, renoncer à cette traversée, c'est prendre le risque d'affaiblir le groupe. Mais tenter de franchir ces tourbillons glacés, c'est risquer le pire pour soi-même. Il se jette alors résolument entre les vagues furieuses, tentant vainement de surnager, de rejoindre le prochain caillou, le prochain amer. Il reçoit aussitôt une énorme claque dans le dos. Un rocher de fond roule et l'entraîne brutalement loin de la surface. Vite, de l'air ! Une main sort de l'eau, la paume écartée, pour disparaître de nouveau. Un jeune Évène en battle-dress, resté sur la rive, tend la corde, comme pour calmer un cheval devenu fou. Mischa, en bout de corde, est entraîné au fond. Seule une grosse bosse sur le torrent témoigne encore de sa position. Le nomade, comprenant son erreur, lâche alors le bout qui fuit dans le courant tout en accélérant. Un dernier cri : « Papa, papa... » Chacun se concentre pour tenter de voir un signe de vie : un bras, une tête, loin, de plus en plus loin... La rivière reprend ses droits.

J'ouvre les yeux en sursaut, inondé de sueur, *groggy*, incapable de savoir où est la réalité : dans cette chambre que je ne connais pas ou bien dans ces extrémités glacées de Iakoutie ? Mon seul ancrage est la présence d'Eva qui dort à mes côtés, inconsciente du drame qui vient de se jouer. Impensable de la réveiller : elle me prendrait pour un fou ou pire s'inquiéterait bien plus que moi sans trouver de remède à ces tourments. Mieux vaut la laisser dormir. Mais, ce rêve... ce rêve n'en est pas un : trop précis, trop réaliste ! Dans un rêve, les chevaux deviennent licornes puis s'envolent avant de se métamorphoser en papillons ; les torrents sont tissés par de jeunes vierges dont les montres inutiles ramollissent comme dans un tableau de Dalí. Non, là, les rochers étaient de granit, les Évènes avaient les yeux bridés et le mystérieux air malicieux que je leur connais bien. Quant aux chevaux iakoutes, ils étaient bien courts sur pattes, avec l'épaisse crinière et la longue queue qui les caractérisent. Non, je n'ai pas rêvé ! J'essaie de me calmer, de ralentir le rythme de ma respiration, la mâchoire serrée. Une seule façon de savoir – dormir à nouveau : si c'est un rêve, le charme rompu, il ne reviendra plus. Je referme les yeux, attends... Et ne vois devant moi qu'une image : la main de Mischa qui sort de l'eau ; je n'entends qu'un cri d'épouvante : « Papa ! » Pas un rêve, mais une vision, j'en suis sûr maintenant !

Nu comme un ver, je me relève et me dirige vers les toilettes, pisse un coup, les tibias contre la cuvette, une main appuyée contre le carrelage pour me positionner dans la pénombre. Je bois un verre d'eau, sans soif, peut-être pour chasser ces idées mauvaises. Nous sommes le 28 juillet, date anniversaire de Mischa, notre plus jeune fils : 25 ans, un gamin, ou presque ; bien trop jeune pour mourir ! Je me dirige toujours à tâtons vers la fenêtre, soulève de nouveau l'épaisse tenture pour me persuader que je ne rêve pas. La montagne avec ses tours et ses ombres démesurées est toujours là, impavide, insensible à mes doutes, à ma « vision », à mon enfer. Un regard à ma montre : il est 2 heures 17. Rien d'autre à faire que dormir ou plutôt essayer de dormir. De nouveau allongé sur le lit, les bras le long du corps, je regarde les lattes du plafond en bois, le lustre un peu ridicule avec les dentelles de ses petits abat-jour, essayant vainement de chasser ce bras qui s'agite dans le vide, cette paume écartée, cette tête qui disparaît puis réapparaît et ce cri, ce cri : « Papa, papa ! »

Non, tout cela n'a pas de sens ! Je suis un être rationnel. L'école de la République m'a appris les sciences, la logique, à me méfier des superstitions et des croyances. Je sais bien que la télépathie, les visions prémonitoires ne sont que d'obscurs fatras destinés à des esprits faibles, à des professeurs Nimbus soviétiques abrutis par cinquante années de communisme, à des grands-mères américaines en mal d'évangélistes aux dents blanches, à des gogos en mal de merveilleux depuis qu'Edison a su produire de l'électricité, depuis que les avions volent. Cette vision, c'est évident maintenant, n'est que l'idéation de ma crainte grandissante, de ma frustration de ne pas savoir. Rien à voir avec la réalité. Cette idée même ne se nourrit que de mes peurs, de mon imagination et n'a aucun lien logique, réel, avec ce qui se passe, vraiment, en Iakoutie, avec mon fils qui vit sa vie loin de mes fantasmes. Je ne suis que la victime un peu masochiste de mon cerveau qui se joue cette nuit de ma raison, de mon impatience : une histoire de neurones, de synapses et de réseau ; pas une histoire de torrent en furie. Las du spectacle du plafond, je me retourne sur le ventre, enfouis ma tête dans l'oreiller, pour ne plus voir, ne plus entendre, ne plus penser, ne plus rêver.

Le réveil me fait tressauter. Ah, je dormais donc ? La fatigue a été plus forte que ces angoisses absurdes. Quelle blague ! Comment croire que Mischa ait pu essayer de traverser un torrent en crue ? Un mince rayon de soleil filtre à travers le rideau. Bizarrement, sa présence presque familière me rassure un peu.

Eva se réveille à son tour. Elle étire ses bras et ses jambes comme le ferait une chatte. Les traces du drap sur son visage lui font comme les plis d'un nouveau-né. Elle me sourit.

« Quel temps fait-il aujourd'hui ? me demande-t-elle ?

— Beau ma foi...

— De toute façon, on a repos aujourd'hui, non ?

— Oui, on l'a bien mérité ! Mais on ne va pas rester ici à glander... Je te propose d'aller déjeuner à Lech.

— Lech ? Pourquoi ?

— Madame Strolz m'a dit hier soir qu'il y aurait un festival régional de musique.

— Ah, cela expliquerait les bruits de fanfare quand nous sommes descendus.

— Peut-être... »

Chassant les terribles images de la nuit, je me raccroche à la bonne humeur et au sourire d'Eva comme à une bouée de sauvetage. Ce matin, notre logeuse, toute permanentée car nous sommes dimanche, nous prépare un excellent *Frühstück*. Rassasiés par ce petit-déjeuner, nous endossons nos sacs allégés et descendons une série de raides pâturages, fauchés de près, vers un pont qui traverse la rivière Lech. Nous la remontons en rive droite, à l'ombre.

« Léo, tu te rappelles qu'aujourd'hui c'est l'anniversaire de Mischa ?

— Bien sûr...

— Il n'a pas essayé de te téléphoner ?

— Oh tu sais, avec ce mauvais temps, il doit préserver ses batteries.

— Oui, tu as raison. »

Eva se contente de mes réponses. C'est aussi simple que cela. Le sentier en sous-bois monte sans difficultés particulières dans la forêt entre buissons de framboisiers et touffes d'épilobes. Çà et là, des gerbes d'aconits, des casques de Jupiter, poussent leurs fleurs violettes vers les branches d'épicéa. Eva marche d'un pas décidé. Elle me devance d'une vingtaine de mètres.

Un tremblement infime. Je plonge la main dans ma poche : un message ! Tournant le dos à Eva, je compose le 888... Je reconnais immédiatement la voix de Mischa : « Bon... Voilà quatre jours que nous sommes bloqués par la rivière. Il a vraiment beaucoup neigé. Pas d'inquiétude, on tient le coup, mais maintenant, il faut bien qu'on traverse. Le niveau de l'eau a baissé. Demain ou après-demain, on devrait être à Sasyr. On a bouffé tous nos jours de réserve. J'essaierai de te rappeler. *Ciao !* »

Eva se retourne vers moi :

« Qu'y a-t-il, Leo ? Tu es tout pâle...

— Rien, rien, un petit passage à vide ! J'ai dû manger un truc qui ne passe pas. »

Je descends vers elle, la dépasse, me forçant à sourire tout en regardant vers les hautes branches des arbres comme si j'étais à la recherche d'un oiseau : surtout ne pas croiser son regard car elle percerait immédiatement mon armure. Eva me connaît trop bien. Je suis incapable de lui dissimuler une émotion : un sérieux défaut dans ma cuirasse qui pourtant s'est durcie à force de combats. À présent, les muscles raidis, j'accélère pour m'isoler, m'éloigner de son regard, de ses interrogations. Malgré la chaleur montante, un filet de sueur glacée parcourt ma nuque. Je frissonne. Un monstre de plomb me dévore le ventre. Si j'étais seul, je me coucherais sur la mousse, me recroquevillerais pour pleurer tout mon saoul, car je sais désormais qu'il est arrivé quelque chose à Mischa. Impossible que ces coïncidences soient fortuites.

« Léo, tu peux arrêter de courir, on n'est pas pressé !

— OK, je t'attends. »

Je ralentis le pas et, surtout, le rythme de ma respiration. Quoi faire de toute façon, sinon attendre un nouvel appel ? Malgré le message de Mischa, j'essaie de me raisonner, de calmer cette angoisse qui, je le sais, est inutile.

Nous arrivons sur les hauteurs de Lech après deux heures de marche facile. Le gros village endimanché, aux fenêtres fleuries, aux mâts enrubannés, résonne des préparatifs des multiples concerts à venir. La plupart des habitants ont revêtu leurs habits de fête : les *Trachten*. Les hommes portent des culottes de cuir, brodées de motifs, qui descendent sous le genou contrairement à celles des Bavarois, des gilets de soie, des vestes de laine, grises ou vertes aux revers de velours. Les lavallières en satin, les chapeaux, simples feutres ou extravagants couvre-chefs ornés de plumes, de touffes de poils de sanglier, de broches taillées dans des bois de cerf achèvent de leur donner une chic (de l'allemand *Schick*...) allure. Ainsi costumés, avec leurs cheveux blonds taillés en brosse, les tempes presque rasées, leurs yeux bleus, ils me font penser au sémillant officier devenu l'écuyer, puis l'amant, du roi Louis II : « Ami, adoré, chéri de mon âme... » Un amour qui contribua à persuader le roi poète que, non décidément non, il ne pourrait aimer une femme.

Pauvre roi ! Les femmes de ces montagnes sont, pour la plupart, tout à fait charmantes. Lorsqu'elles sont habillées de *Dirndl*, leur beauté est magnifiée par d'amples jupes partiellement couvertes de tabliers coupés dans des étoffes précieuses. Elles portent un simple corselet en lin blanc, lacé par-devant, un gilet brodé comme les hommes et, plié en triangle, un châle en tissu moiré qui joue avec le soleil. Certaines, les plus jeunes souvent, coiffent leurs longs cheveux blonds comme des épis de blé ramenés en couronne au-dessus de leur tête. Les moins jeunes portent des coiffes légères en satin noir du plus bel effet. Bientôt, l'apparent désordre s'organise. Hommes, femmes et enfants, portant un costume similaire, se rassemblent autour de pancartes indiquant l'une : Trachtenklub Reutte, l'autre : Musikverein Visp... et sortent flûtes, trompettes de leurs sacs à dos, de leurs housses. Quelques jeunes femmes essaient leurs trombones, leurs clarinettes dans une cacophonie assumée. L'une d'elles, pas la moins élégante, enfile la sangle d'un énorme tuba lustré comme un miroir. Elle l'étreint avec la même passion que la vierge d'hier semblait embrasser son enfant Jésus. D'autres femmes se contentent de sourire de leurs dents blanches en enlaçant d'encombrants bouquets de fleurs ou bien en se chargeant de récipients improbables : tonnelets, cornes gigantesques de taureaux remplies d'eau-de-vie. Quant aux enfants, bien entendu blonds aux yeux bleus, ils se préparent à ouvrir le cortège en portant les drapeaux ou les insignes de leur harmonie ou au contraire à fermer le défilé en tirant une grosse caisse montée sur un chariot bariolé. Voilà donc les gracieuses demoiselles de Bregenz qui nous saluent de la main, les solides montagnards un peu butés de Montafon, descendus des confins glacés du Vorarlberg. Enfin, après une longue attente, la caravane s'ébranle au rythme des différents hymnes. L'humeur est joyeuse et les touristes, comme nous, se mêlent sans façon aux musiciens avant de rejoindre une immense tente plantée sur le terrain de football où la bière, accompagnée de *Bretzel* et de *Weisswurst*, coule à flot.

Eva et moi nous divertissons finalement de cette effervescence proprette, de ce décor idéal, de ces sourires trop éclatants, de ces yeux trop bleus, de ces cheveux trop blonds. Sommes-nous tombés dans un monde parallèle où la beauté et l'harmonie seraient devenues la règle ?

« Eva, tu ne trouves pas que ce monde ressemble au monde idéal de Himmler et de Hitler ?

— Ah vous les Français, vous voyez le mal partout. Je ne vois pas ce que ces jeunes ont de nazi.

— Ce n'est pas ce que je voulais dire. Je m'interrogeais simplement sur la réalité de cette apparence trop parfaite ? Tout cela n'est-il pas une illusion ?

— Quelle illusion ? Regarde ces jeunes. Ils sont sincères, sans arrière-pensées. »

Ce monde-là est-il aussi réel qu'Eva le prétend ? Mon rêve de cette nuit n'est-il qu'un rêve ? Eva a sans doute raison : plutôt que de chercher l'intention cachée, le piège, profitons de cette petite société pimpante, dénuée d'agressivité, de tags, de panneaux publicitaires – une société quasi autarcique d'autochtones « pur-sang », et tant pis pour la consanguinité ! Jouissons de cet environnement manucuré, peigné et pomponné ; de ce monde d'hier, en sursis ou même déjà disparu. Mais a-t-il jamais vraiment existé ?

Nous rentrons au soir, rassurés malgré tout par cette collection de belles images, par ces accords simplets. L'air se fait plus lourd. Déjà un fort vent du sud s'installe en altitude, poussant devant lui des troupeaux de blancs moutons qui se hâtent vers l'horizon. Ils défilent en ordre serré ; un front froid se prépare ! Le présentateur de la ZDF confirme bientôt mon diagnostic sur la vieille télévision de Dame Strolz : « Ce soir, un front froid recouvre la Bavière et le Tyrol. De fortes averses sont prévues... »

Peu après, la présentatrice du journal télévisé nous apprend qu'une centaine de frères musulmans ont été tués au Caire lors d'affrontements avec la police à proximité de la mosquée Rabaa al-Adawiya. Dehors, un premier éclair, une rafale de vent fait claquer les volets et couche la plus proche rangée de dahlias. Je me glisse dans les draps et m'apprête à vivre une nouvelle nuit d'épouvante.

UNE ÉCOSSE
29 juillet 2013

Je pressentais des trombes d'eau, des torrents de pluie et de boue dévalant les pentes du Schäferkopf, la « tête des Bergers », un déchaînement d'éclairs déchirant les nuages et la nuit. Notre réalité est moins théâtrale. La bruine estompe les contours des montagnes. L'aube est grise... « Basse et lourde », aurait écrit Baudelaire. Nous parcourons de nouveau la rue principale de Lech. La joyeuse animation et la lumière d'hier ne sont déjà plus que de lointains souvenirs. Seules quelques oriflammes pendent tristement aux balcons des hôtels cossus. Çà et là, des villageois habillés en pékins, les mains fourrées dans les poches, arpentent hâtivement les allées. Une machine, équipée de brosses rotatives, nettoie dans l'indifférence les trottoirs, suivie d'un employé municipal qui collecte les déchets récalcitrants à l'aide d'une longue pince. Nous longeons un alignement de villas bourgeoises encore endormies puis reprenons avec soulagement nos sentiers de traverse, nos sentiers de solitude, vérifiant une nouvelle fois la carte pour nous assurer que nous nous engageons dans la bonne vallée. Après une heure d'une montée facile, nous atteignons un premier dôme herbeux occupé par une dizaine de chevaux en semi-liberté regroupés autour d'une grande croix en bois. Un Christ noir surmonte une inscription en lettres gothiques dorées que je déchiffre difficilement :

« OH MERCI MON DIEU
DE NOUS AVOIR PERMIS DE REVENIR AU PAYS. »

En dessous, une date.

« Vingt-neuf août 1945 ! Ils sont plutôt veinards ceux-là. De retour à la maison un peu plus de trois mois après la fin de la guerre.

— Oui, reprend Eva, si je me rappelle bien le Vorarlberg était une zone d'occupation française...

— Et ton grand père, en quelle année est-il rentré de Sibérie ?

— En 1948...

— Moins de chance, le pauvre !

— Il est revenu, lui... Bien peu de prisonniers allemands sont revenus des goulags.

— C'est vrai... Dommage qu'il n'ait pas écrit ses mémoires !

— Il n'a jamais voulu aborder ce sujet à la maison, ni même voulu nous apprendre le russe qu'il parlait pourtant couramment ! »

Opa Wilhelm... Je ne l'ai connu que vieillard, fragile et voûté avec ses doigts jaunis par les cigarettes en papier maïs qu'il fumait à la chaîne ; *Opa* Wilhelm, discret, modeste, silencieux dominé par *Oma* Blandine, son épouse, imposante matrone au sourire matois. Je l'imagine jeune père, soldat puis caporal, mobilisé pour la campagne de France dont il avait d'ailleurs gardé un excellent souvenir, mobilisé à nouveau deux ans plus tard pour partir livrer la bataille des batailles sur le front russe, autant dire en enfer. Improbable survivant, avec ses épais binocles qui lui donnent un air de Jean-Paul Sartre sur les photos d'époque, après quatre années de guerre et cinq années de camp. À quoi avait-il dû sa survie ? À la chance ? Sans doute ou alors à une farouche volonté de vivre, de retrouver sa Bländchen et ses deux enfants ? Mais non, je crois plutôt que, au contraire, Wilhelm, outre sa qualité de cuisinier, a survécu parce qu'il était modeste, parce qu'il avait appris à lâcher prise, à se fondre dans un paysage gris, plutôt qu'à brandir des éclairs.

Comment Wilhelm aurait-il réagi en apprenant que Mischa, cet arrière-petit-fils qu'il chérissait, ne rêve aujourd'hui que de toundra, de taïga, de rencontres avec ces « féroces Mongols » réputés dans l'armée allemande pour ne pas faire de quartiers ? Aurait-il apprécié qu'Eva, sa petite-fille, après avoir longtemps refusé de s'intéresser au monde slave, prépare aujourd'hui une licence de russe ?

La bruine épaissit lentement pour devenir un brouillard froid et épais qui prend possession de la sapinaie. Déjà, nous avons protégé nos sacs à dos avec des housses imperméables. Nous sortons à présent nos petits parapluies, nos habits de pluie. Il est temps !

Après avoir passé un collet sans difficulté, la pluie nous assaille sans plus de ménagement, sonorisant notre randonnée à coups de flics et de flocs sur la toile de nos abris précaires. Autour de nous, les vaches, indifférentes, continuent à brouter l'herbe grasse, se régalant d'ombellifères, de fléoles aux épis en queue de rat, négligeant les vératres toxiques. Les chevaux immobiles prennent, eux, des poses stoïques en regardant au loin les prémices d'une embellie qui ne vient pas. De-ci de-là, de discrets traquets pâtres sautent de pierre en pierre. Ils lancent des cris d'alerte en mixant une série d'aigres gazouillis avec des crépitements de crécelle. Nous abordons un plateau semé de grosses buttes qui s'arrondissent à notre approche, se dissimulent entre deux bancs de crachin, s'organisent pour laisser deviner une vallée, à peine marquée. Elle coule sans hâte vers un grand lac de retenue, le Spullersee. Nous croisons de grandes mares à têtards piquetées par les impacts de la pluie autant que par les larves qui font surface. Ces bestioles noires agglutinées en masses visqueuses sont, en quelque sorte, mes petits morceaux de… madeleine de Proust. Leur vue évoque immanquablement la part heureuse de mon enfance, quand les jambes maculées de boue je parcourais avec mon frère les plateaux humides du Vercors à la pêche aux têtards ! Pas n'importe lesquels : des larves de grenouille rousse, surtout pas de crapaud, assez développées pour avoir au moins deux pattes. Nous avions ainsi multiplié dans notre aquarium les expériences, tentant vainement de monter un élevage intensif. Plus tard, nous découvrîmes avec horreur que nos protégés étaient devenus cannibales quand ils ne servaient pas de pâture à ces benêts de poissons rouges décolorés.

Dans cet altiplano, lointain cousin de l'Écosse, je m'enfonce de mare en mare, de mamelon en mamelon, dans une profonde mélancolie. Plutôt que de continuer sur ce chemin qui me mènera immanquablement en Sibérie auprès de Mischa, remuer des idées noires, je propose à Eva une séance de chants de marche. Peine perdue, elle ne songe qu'à atteindre le refuge Ravensburger, le plus vite possible afin d'éviter le rideau de pluie qui trouble l'horizon. Tant pis, je chante seul, reprenant, non sans ironie, une comptine de *La Mélodie du bonheur* :

« *Do* le *do* il a bon dos
Ré rayon de soleil d'or
Mi c'est la moitié d'un tout
Fa c'est facile à chanter... »

Une chanson de mes 9 ans : le fameux âge de raison ; mais une raison qui veut encore croire au merveilleux, qui se contente d'explications simples : « Parce que... » J'avais aimé sans réserve cette comédie musicale très hollywoodienne, cette histoire très lisse d'une famille de nobliaux autrichiens qui échappe aux méchants nazis en chantant des mélodies sucrées, tout en marchant dans des montagnes toujours ensoleillées. Bien plus tard, je pris conscience que ce film n'était qu'un élément de plus d'une vaste escroquerie historique qui avait fait des Autrichiens de sympathiques victimes et non les complices du régime hitlérien. Mais faut-il préférer une vérité pleine de tourments à une innocence enchantée ?

Le sas d'entrée du refuge est froid, sombre et humide. Nous y abandonnons nos sacs et nos coupe-vent dégoulinant d'eau glacée, nos chaussures boueuses. À cette heure encore matinale, le gardien, un solide montagnard aux mains calleuses, passe consciencieusement la serpillière dans la salle commune. Il nous regarde d'un air accablé et sévère : quelle idée d'arriver à une heure aussi matinale ! On nous ménage, malgré tout, une table près de la fenêtre, non loin d'une petite famille qui tue son ennui en se plongeant dans la lecture d'épais romans. Ils semblent prêts à tenir un siège. La salle commune est décorée de parements de bois surmontés de gravures de la ville de Ravensburg, d'inévitables trophées de chevreuils et de cerfs, d'anciennes photos d'alpinistes autrichiens, les yeux protégés par des lunettes de soudeur, brandissant avec fierté leurs longs piolets et leurs cordes de chanvre. Ils sont les seuls d'ailleurs à sourire dans cette salle qui reste froide, presque inamicale. Les uns ont le nez dans leurs bouquins, les autres s'affairent en silence, maudissant ce mauvais temps, synonyme de perte de chiffre d'affaires. Une aide gardienne vient enfin prendre notre commande : une belle plante, aurait commenté mon père, fin connaisseur en botanique féminine. Malgré le regard réprobateur d'Eva, je jauge la nouvelle venue : de longues jambes nues perchées sur de hauts talons, bien servies par une jupe minimaliste, un *tee-shirt* moulant suggérant une poitrine ferme et généreuse. Pour le reste, nous sommes dans le standard local : blonde aux yeux bleus ! Malgré ces indéniables atouts, cette belle plante n'éveille aucun émoi ; sans doute, ses tatouages quelconques au creux de la nuque ou aux chevilles, ses yeux un peu globuleux sans étincelle, le chewing-gum qu'elle mâche avec application ou enfin sa voix un peu nasillarde et traînante : une héroïne de téléréalité, une Loana ou Lauren échouée comme nous sur ce radeau des cimes. Voilà qui nous change des élégantes de Bregenz aux sourires ensorceleurs, de la serveuse espiègle de Kemptner Hütte, de Karine, la gardienne de Schneetalalm...

« Je me demande bien comment cette fille a atterri ici !

— C'est effectivement peu banal », me répond Eva.

La tempête qui sévit dehors nous détourne bientôt de cette bimbo. La pluie tombe à l'oblique sur les carreaux. Les éclairs percent les nuages pour s'abîmer sur les rares arbres qui ont osé défier l'altitude dans cet étage montagnard, que l'on appelle, très justement, la zone de combat. Plusieurs silhouettes grises revêtues de capes de pluie montées depuis la vallée se précipitent à l'abri, se félicitant bruyamment d'être enfin arrivées. Tant pis pour le beau sol lustré : le gardien finit par se faire une raison.

Nous patientons en déjeunant d'un bouillon de poule assaisonné de ciboulette et enrichi de *Nockerln*, des billes de semoule. Notre demande d'un grand bol de thé plonge notre Loana dans un océan de perplexité. Elle nous propose soit une minuscule tasse de thé, soit un litre d'eau chaude. Nous commandons les deux. Patiemment nous attendons une improbable éclaircie. Puis, après avoir feuilleté quelques livres crasseux et écornés, nous nous rabattons sur nos lectures habituelles. Eva relit ainsi un article sur le coup d'État en Égypte. De nouveau, j'essaie d'apprendre une ou deux poésies de Verlaine, ayant sacrifié Hölderlin pour cause de légèreté et d'ennui. Ainsi dans *Il pleure dans mon cœur* :

« Ô bruit doux de la pluie
Par terre et sur les toits !
Pour un cœur qui s'ennuie,
Ô le chant de la pluie ! »

Le fond d'eau chaude est devenu tiède, presque froid. Une lueur incertaine éclaire la montagne. Pas encore le soleil, mais au moins la fin de l'obscurité. Un rai de lumière éclaire bientôt la pente opposée. Les couleurs, qui se mêlaient indistinctement à la manière de Turner, se détachent à présent et saturent à la limite de la phosphorescence. Nous apprêtant à repartir, nous cherchons des yeux l'aide gardienne pour régler l'addition. À moitié dissimulée par une colonne, elle se frotte avec envie contre le ventre du gardien.

GENTIANES POURPRES
30 juillet 2013

LA MONTRE SONNE timidement. J'allonge le bras vers la table de nuit, récupère à l'aveugle mon téléphone et vérifie la messagerie : rien ! Le sursis se prolonge...

En attendant d'en savoir plus, je suis condamné à l'impuissance et au silence, car il serait stupide d'alarmer Eva qui se lève finalement en se frottant les yeux, me demandant si j'ai bien dormi : « Oui, comme d'hab. »

Nous vérifions que nos affaires – chaussettes, sous-vêtements – lavées au savon pendant la soirée précédente sont bien sèches. Ainsi va notre routine de vagabonds des cimes : réveil avec les coqs, coucher avec les poules, lessive pour seul dérivatif. Une pérégrination, quasi monastique, à peine agrémentée par quelques caresses somnolentes.

Le brouillard noie l'étroite vallée, masquant le versant que nous devons gravir. Nous traversons une fine passerelle de bois au-dessus d'un torrent enragé, crachant de l'eau blanche. De nouveau, une belle ascension : plus de 1500 mètres et 20 kilomètres de développée ; une petite dizaine d'heures : inévitable yoyo d'une traversée des Alpes ! Le sentier tire raide dans la forêt. Nous adoptons ainsi notre rythme « classique » : 450 mètres de dénivelée à l'heure. Eva s'amuse : *« Chi va piano, va sano é chi va sano, va a… Bergamo ! »*

Nous nous élevons régulièrement dans une profonde pessière qui laisse bien peu de lumière aux autres espèces. Seules de grandes fougères, quelques mousses, survivent sur ce sol acide et hostile. Après cette première côte, nous empruntons, en attendant mieux, une petite route asphaltée jonchée de bouses. Sur cette étroite voie longue d'un ou 2 kilomètres, nous progressons vite. Elle nous mène ainsi à une microcentrale électrique puis se transforme en chemin forestier. Il dessert une ferme encore endormie, nageant dans le brouillard comme dans la chanson, mais fermée à clef. Nous n'avons fait que le tiers de la dénivelée.

« Léo, tu vois le sentier ?

— Non, je ne vois rien… Mais d'après la carte, nous devons suivre le torrent et le croiser à plusieurs reprises.

— Il y a des ponts ?

— Des ponts ? Et puis quoi encore, tu ne veux pas des ascenseurs ? »

Le premier franchissement se présente sans tarder au sortir de la forêt. Il est rapidement franchi en sautant de pierre en pierre.

« Tu vois, c'est facile ! »

Nous pénétrons dans le nuage. La visibilité se réduit à quelques mètres. Bien que l'itinéraire immédiat soit évident, je regrette d'avoir sacrifié mon GPS sur l'autel de la légèreté. Il nous serait bien utile dans la partie haute de l'itinéraire, un faux plat que je crois être assez « paumatoire ». La deuxième traversée de torrent est nettement plus scabreuse que la première. La vallée se rétrécit au pied de l'ancien verrou glaciaire, accélérant le flux de l'eau qui creuse son lit dans ce terrain morainique fait de sédiments et de gros blocs lisses et ronds. Rien à voir avec un torrent sibérien, mais ces quelques mètres sont un peu délicats. L'engagement reste cependant limité puisque le seul risque est de mouiller ses chaussures. Je choisis de me déchausser, pénétrant pieds nus dans l'eau glacée. Eva, indécise, opte finalement pour une traversée à sec. Patiemment, elle échafaude un passage en lançant des pierres l'une sur l'autre.

« Léo, donne-moi la main. »

Je ris de bon cœur, de l'autre côté de la rive...

« Écoute, je viens à peine de remettre mes chaussures, je ne vais pas y retourner maintenant ! Vas-y franchement. »

Elle hésite, teste le premier appui qui semble tenir. Encouragée, elle avance la jambe gauche prudemment sur la fragile construction, hésite de nouveau, transfère finalement son poids sur une pierre qui vacille, bascule. Badaboum ! L'édifice s'écroule. Eva finit piteusement sa traversée en courant dans le torrent, les deux pieds dans l'eau.

« Ce n'est pas drôle ! me dit-elle, l'air courroucé.

— Non, c'est vrai, enfin... presque vrai. Mais regarde tes chaussures ont bien tenu et tes pieds ne sont pas mouillés. Match nul ! »

Ce court intermède aquatique m'a égayé, éloigné des rives de la Moma, de la Iakoutie. Et puis zut ! cette anxiété, qui me bouffe le ventre depuis deux jours, n'a aucun sens. C'est décidé, je vais désormais m'efforcer de ne plus m'inquiéter pour Mischa, quelle que soit mon « intuition ». Un choix raisonnable justifié par une implacable logique : s'il lui est arrivé quelque chose, je finirai par le savoir, sans rien y pouvoir d'ailleurs ; à l'inverse, si je suis le jouet de mon imagination il serait vraiment stupide de gâcher ces rares moments avec Eva. Première résolution : éteindre le téléphone. Je ne l'ouvrirai qu'une fois arrivé au refuge. Cette décision m'apaise. Raisonner, raisonner toujours ! Ne pas se laisser guider par ses émotions ! Seconde résolution : relire Descartes et Platon...

Nous montons, montons au travers des nuages qui s'élèvent avec nous sous l'effet de la faible convection. Bientôt, ils nous dépassent, se déchirent, se fondent dans le relief en dévoilant enfin les sommets environnants. Au nord-est se dresse la silhouette massive du Valluga qui domine de ses 2800 mètres la station de Sankt Anton. Nous observons attentivement ses plis et ses replis qui abritent de vieux névés aux tons gris. Voilà qui nous promet quelques séances de neige dans les jours à venir, puisque nous devrons passer de nombreux cols à ces altitudes. La prairie a laissé la place à un pierrier que recouvrent des rhodos en fleur. Plus haut, un troupeau de vaches allaitantes et leurs veaux, poilus comme des aurochs, s'écartent précautionneusement des deux fantômes qui sortent du brouillard. La dernière traversée de torrent est facile mais exposée. Un faux pas nous précipiterait dans une belle cascade qui plonge vers le pied du verrou 200 mètres en contrebas. Le soleil y joue, irisant de fugaces arcs-en-ciel. La lumière revient !

Au-delà, le paysage change. Les éboulis, les pentes grisonnantes de schistes couvertes de longues herbes, font place à un socle de roches cristallines, rabotées, polies et striées par les glaciers. J'aime la poésie des géologues qui désignent ces granits et ces gneiss comme des « roches moutonnées » : un troupeau de moutons égarés, épuisés et vautrés dans ces prairies d'altitude. Le sentier est tracé dans un dédale de failles et de bombements. On ne dira jamais assez le génie de ces anonymes qui ont, génération après génération, tracé, consolidé ces voies alpines. Nous leur devons beaucoup ! La voie s'élargit à proximité du col. Ses bâtisseurs l'ont mise à niveau avec une série de petits ouvrages en pierres sèches. Ils l'ont pavée avec de lourdes lauzes taillées pour s'emboîter et rester en place pour les siècles des siècles. Nous dépassons une série de lacs vert émeraude. Eva interrompt notre marche contemplative :

« Ce chemin est une merveille...

— Une véritable antiquité !

— Tu crois qu'il s'agit d'un chemin *walser* ?

— Je ne sais pas s'ils sont montés jusqu'ici...

— Hier, j'ai lu dans un livre au refuge que les Wälser ont colonisé une partie du Vorarlberg. On les appelle ici les Valsaner.

— En tout cas, ce chemin ressemble bien à ceux que l'on peut voir dans le val d'Aoste, près de Gressoney. »

Comment savoir ? Les informations sur ce peuple originaire du Valais sont rares. Pour quelles raisons ont-ils quitté leur riante vallée : surpopulation, épuisement des sols, guerres incessantes entre seigneurs ou peut-être toutes ces raisons ensemble ? Une chose est sûre : ils ont essaimé dans toutes les Alpes centrales à partir du XIIIe siècle, et colonisé une partie du val d'Aoste et des Alpes orientales, s'établissant en altitude, dans les vallées les plus ingrates, comme celle de Klosterle, continuant à honorer saint Théodule, le premier évêque de Sion. Eva poursuit :

« Tu sais, ma mère m'a toujours dit que ses ancêtres étaient d'origine suisse, vers Fribourg. Il est fort probable qu'ils descendent eux-mêmes des *Wälser*.

— Cela n'aurait rien d'étonnant ! Tu n'as vraiment rien d'une grande blonde aux yeux bleus. Tant pis pour moi ! »

La réponse ne se fait pas attendre : une boule de neige me manque de peu ! Nous rions de bon cœur. Le col est atteint quelques minutes plus tard. Nous réchauffons nos vieux os aux premiers rayons de soleil, sur un banc, contre le mur du refuge-bivouac de Reuttlingen. La lumière a chassé de mon esprit les ombres et les nuées qui s'y attardaient. Je prends la main de mon épouse :

« Tu vois, Eva, le bonheur, ça doit ressembler à cela.

— Tu es heureux ?

— Oui, enfin presque, je crois...

— Tu ne crois pas que le bonheur n'existe que dans la nostalgie, dans les souvenirs ?

— Alors disons que je suis déjà nostalgique de ce moment qui vient de s'échapper. »

Elle sourit à son tour et me serre la main. Après un pique-nique frugal, nous nous engageons sur le chemin de la descente, tracé sur une vire à peine vertigineuse. Le paysage minéral laisse place bientôt à une pelouse à moutons d'où émergent des touffes de gentianes ponctuées, au vert un peu cendré, aux fleurs piquetées de petits points ocre et rouille. De nombreux papillons, profitant de l'absence de vent, batifolent entre tiges et fleurs. Il me semble reconnaître, posé sur un orpin, un Apollon, le dieu des troupeaux, avec ses quatre ocelles rouges mouchetés de jaune. Bien sûr, il s'envole dès que je veux le prendre en photo. Eva s'en amuse :

« Tu vois, ce papillon, il est comme ton bonheur.

— C'est-à-dire ?

— Tu crois le voir, mais tu ne peux pas le fixer. »

Plus bas, nous entrons dans une zone humide. Des gentianes pourpres se mêlent aux gentianes ponctuées de même taille, des cousines qui semblent s'amuser de leurs ressemblances et de leurs dissemblances. J'aime ces fleurs d'alpage, assez rares en France, profondément ancrées dans les sols les plus pauvres et dont l'amertume éloigne les bovins. Je repense à Jean-Jacques Rousseau qui a écrit : « Je suis maintenant trop riche pour ne pas sentir la privation de ce qui me manque [...] la botanique me domine. J'herboriserai, mon cher hôte, jusqu'à la mort... »

Herboriser jusqu'à la mort... Herboriser et marcher, voilà un programme qui me plaît !

KA-NA-DA

31 juillet 2013

NOTRE ROUTINE est maintenant bien rodée : réveil à 5 heures 30, départ une heure plus tard. Malgré la brièveté de notre nouvelle étape, cinq heures de marche à peine, nous conservons notre rythme de pères dominicains. Il est vrai que nous nous sommes couchés tôt après une soirée sans relief et sans saveur, assis à la table de retraités autrichiens. Ils se sont contentés d'échanger des banalités entre eux sans jamais répondre à nos quelques tentatives d'échange. D'ailleurs, avions-nous vraiment envie d'engager la conversation ?

Quelle importance ? Comme presque tous les matins, depuis mes 40 ans, je remets mes compteurs à zéro. Chaque réveil, chaque lever de soleil est ainsi une nouvelle preuve de vie, une renaissance. Le soleil, justement, ne semble guère pressé. Il paresse derrière les crêtes acérées du Patteriol, les murs noirs et les glaciers suspendus du Kuchenspitze ; nos premiers 3 000 mètres depuis l'Allemagne.

« Drôle de nom que Kuchenspitze, "aiguille des Gâteaux" !

— Tu es sûr qu'elle s'appelle comme ça, demande Eva.

— Regarde-toi même sur la carte.

— Mmm... C'est peut-être une déformation de *Kuhhorn*, la "corne de vache" ou quelque chose du même genre.

— Après tout, nous avons bien notre aiguille du Fruit ! »

Plutôt que de tirer droit dans la prairie, noyée dans la rosée, au risque de tremper nos souliers, nous suivons la large piste qui longe le torrent du Rosanna. De part et d'autre les talus sont semés de lupins de toutes les couleurs : jaunes, rouges, bleus. Ils servaient autrefois de fourrage au bétail. Voilà une journée qui commence bien !

Le chemin monte droit dans une large vallée : la Schönerverwall. Nous allongeons le pas. Il fait encore un peu froid. En moins d'une heure, nous atteignons le croisement d'une autre vallée : la Silbertal, la « vallée d'Argent » : un modèle de bassin glaciaire avec son fond bien plat, ses versants raides taillés dans le gneiss.

Le soleil, ce vieux fêtard, se lève finalement. Il allonge nos ombres et nous encourage à les suivre dans cette vallée. Nous avons largement le temps de faire ce détour. Cette journée est une journée de réserve, que l'on aurait même pu court-circuiter en cas de nécessité. Nous tournons donc le dos au Pateriol et partons à l'ouest en suivant un étroit sentier qui divague dans une prairie humide pour nous mener à un petit lac : le Langsee.

« Eva, et si on prenait un raccourci ?

— Non, merci, je préfère suivre les traces.

— C'est bien allemand, ça. Suivre les règles... Allez !

— Non, vas-y si tu veux... On se retrouve au lac. »

Je n'attendais que cela : pouvoir marcher un moment à mon rythme, prendre le temps de l'observation. Je pars donc seul, boussole au poignet, comptant vaguement mes pas pour calculer ma vitesse de progression. La marche est plaisante : une succession de mamelons couverts de pins rampants et de dépressions tourbeuses. Parfois, une zone suspecte reconnaissable à ses herbes plus hautes, plus vertes, plus épaisses, aux timides reflets de l'eau, m'oblige à louvoyer. Je retrouve alors mon instinct quand, enfants, nous devions tirer des bords pour éviter, lors de nos pêches aux têtards, les multiples pièges de tourbe de la plaine de Villard-de-Lans. Inspirés par nos lectures, nous les avions baptisés « sables mouvants », tant ils nous terrifiaient. Nous étions persuadés qu'ils étaient capables de nous avaler tout crus dans un tourbillon verdâtre. Les adultes ne faisaient rien pour nous détromper car cette frayeur modérait nos appétits d'exploration. J'ai gardé en mémoire cette frousse, ces images de marcheurs aspirés par une force invisible, criant à l'aide. La tête disparaissait la première, puis une main s'agitait, s'ouvrait désespérément à la recherche d'une prise salvatrice, se recroquevillait enfin comme une feuille séchée avant de disparaître définitivement.

L'image de Mischa, de sa paume écartée, remonte à la surface. Je la chasse immédiatement de mon esprit : je ne suis plus un enfant, je peux raisonner, m'orienter seul parmi les « sables mouvants » sans l'aide de mon grand frère. Personne ne me grondera si je rentre chez Tatie Beaudoingt avec des souliers crottés, des genoux couronnés de plaies. D'ailleurs Tatie est certainement morte depuis bien longtemps !

Je prends tout mon temps pour observer la flore très particulière de cette tourbière, faire quelques photos macros à l'aide de mon reflex et du petit trépied. Dans cette soupe chaude et aigre, des reliques des périodes glaciaires jouent leur survie : linaigrettes aux fleurs de coton, rubaniers aux longues feuilles qui dessinent sur l'eau des dessins imaginaires, discrètes grassettes reconnaissables à leurs feuilles vert clair un peu grasses. L'œil vissé sur le viseur de mon appareil, j'attends patiemment qu'un moucheron imprudent vienne échouer sur cette surface légèrement visqueuse. La feuille devrait alors se tordre lentement, s'enrouler autour de l'insecte puis le digérer. Peine perdue… Je me relève, les genoux en compote. Sous les branches basses d'un pin mugo, à une dizaine de mètres de là, je repère une longue forme suspecte, immobile. De nouveau, je me tapis dans les herbes pour observer et tenter d'identifier un serpent noir de plus d'un mètre engourdi par le froid. Sa large tête avec un double collier sur la nuque, sa longue queue effilée me permettent d'identifier, sans l'ombre d'un doute, une couleuvre à collier, une femelle, compte tenu de sa taille respectable. Mise en alerte par les vibrations du sol, elle se redresse, ramasse sa queue qui file sous son corps. J'ai à peine le temps d'apercevoir son œil entouré d'écailles rondes. Il me semble voir une touche écarlate comme une larme de sang. Fasciné par ce spectacle, je ne songe même pas à prendre une photo…

« Léo, où es-tu ? »

Je me relève à regret. La belle réveillée file tantôt sur l'herbe, tantôt sur les branches de pin, avant de retrouver l'eau et de se fondre parmi les longs filaments des rubaniers. Je la perds de vue, monte sur une nouvelle butte en direction de la voix. Eva est en contrebas sur une passerelle en bois qui mène au lac et permet de traverser la tourbière sans risque de se mouiller :

« Je commençais à m'inquiéter !

— Toi le jour où tu cesseras de t'inquiéter...

— C'est sympa... On s'arrête sur le bord ?

— Avec plaisir ! D'ailleurs, c'est l'heure de ma leçon d'allemand. »

Eva et moi profitons de cette longue traversée des Alpes pour tenter d'améliorer mon allemand. Il est plus que temps après tant d'années de vie commune ! Mon épouvantable accent et ma grammaire fantaisiste sont en effet insupportables à ses oreilles. Nous avons donc choisi comme exercice une chanson enfantine, connue de tous les Allemands, que je dois chanter sans aucun accent : *Hänschen klein...*

Hänschen klein, ging allein
in die weite Welt hinein
Stock und Hut, steht ihm gut
Ist gar wohl gemut
Aber Mama weinet sehr
Hat ja nun kein Hänschen mehr
Wünsch dir Glück, sagt ihr Blick
Kehr nur bald zurück[3]

Malgré son apparente facilité, la leçon est heurtée, Eva corrigeant chacune de mes paroles :

« *Stock und Hut* (j'aspire à peine le H).

— Non : *Stock und HHuuut*, me reprend-elle.

— *Stockund HHuuut.*

— Non, il ne faut pas faire de liaison : *Stock – und.*

— *Stock und.*

— Non, pas *und*, mais *unt*... il faut prononcer *"unt"*.

— Moi, je prononce comme je lis...

— Hé bien, si je faisais ça en français, personne ne me comprendrait ! »

Hänsschen klein : Petit Jean... Je l'imagine en culottes courtes avec son baluchon, porté sur l'épaule au bout d'un long bâton. Nous sommes tous des Petit Jean, partis dans le grand monde pour échapper à notre ogre destin, pour nous inventer une nouvelle vie. Mais, mais... Dans les contes et légendes, dans les évangiles, l'aventure finit toujours mal. Finalement, seuls les retours sont salvateurs : *Kehr nur bald zurück !* – « Reviens vite à la maison ! » « Il était perdu et il est retrouvé. » Le fils prodigue parti au bout du monde, ruiné, condamné à manger les caroubes données aux cochons, revient lui aussi chez son père, riche et doux, qui lui pardonne d'être parti. Partir, est-ce pécher ?

Mischa, notre Petit Jean, rêve depuis ses tendres années de terres lointaines, de peuples oubliés, de parois verticales. Avons-nous bien fait de lui apprendre qu'il vaut mieux se nourrir de caroubes en liberté que de manger du veau gras assoupi à une table ?

Il était alors encore bien jeune, 4 ou 5 ans peut-être ? Nous avions envisagé un long périple itinérant en famille de Calgary à Jasper. Ensemble, avec Eva et Willi, nous avions préparé chaque étape. Nous avions appris à distinguer un grizzly d'un ours noir, étudié la migration des oiseaux-mouches, nourrissant l'imaginaire des enfants autant que le nôtre. Naïfs, nous avions même envisagé de gravir ensemble les premières pentes du terrible mont Robson, chargeant notre paquetage de cordes, de broches à glace et de petits crampons. Enfin, nous étions partis...

Dès la sortie de la passerelle, épuisé par le voyage autant que par le décalage horaire, Mischa s'était précipité vers le drapeau canadien planté devant la guérite du douanier :

« *Hi, young boy, what's your name ?* lui avait demandé celui-ci avec un grand sourire.

— Ka – Na – Da... » avait répondu Mischa en articulant chaque syllabe.

Ka-Na-Da : une formule magique pour ouvrir un nouveau monde. Ka-Na-Da ! Inconsciemment, je ressasse la formule, en espérant que ma terrible vision, ce stupide cauchemar, disparaisse. Ka – Na – Da... en espérant que Mischa, à cette heure même, pagaie paisiblement dans les interminables méandres de la Moma. Où est-il maintenant ? Est-il seulement en vie ? Rien à faire, inutile d'analyser, de raisonner. De nouveau, je vois sa main s'ouvrir et disparaître dans les flots déchaînés. Mon ventre me fait trop mal, me tiraille. Vite, il me faut une formule magique ; opposer la magie, le rituel, à cette peur insensée : Ka-Na-Da ou bien le *Sim Sala Bim* des contes allemands. N'importe quoi ! Ou même une prière... Oui, tiens, une prière : « Notre Père, qui êtes aux cieux, protégez notre Mischa. Il est encore si jeune ! »

Mais à quoi bon faire semblant ? Ma foi n'a pas résisté à mes années d'adolescence, à l'irruption de la raison. La poésie des cantiques et le charme des soutanelles d'enfants de chœur n'ont pu vaincre l'appel de la conscience et de la lucidité. Dommage que ces vertus aient parfois l'enchantement d'une salle d'autopsie ! Pas facile d'accepter l'impitoyable irréversibilité du temps, le verre brisé qui ne se reconstitue pas de lui-même. Mais pourquoi s'alarmer de notre disparition ? S'inquiète-t-on de ce que nous étions avant notre naissance ? Seule la disparition de nos proches est une souffrance.

Pour rejoindre notre dortoir, situé sous les toits de notre pensionnat, nous devions emprunter un très large escalier où nous pouvions monter à huit de front. Allez savoir pourquoi : chacune de ces montées, dans un silence imposé, provoquait chez moi une série de questions métaphysiques. À 11 ans, les réponses de mes confesseurs ne suffisaient plus :

« Père, je ne comprends pas pourquoi seuls les enfants baptisés peuvent aller au paradis.

— Tu soulèves là une question difficile pour un enfant.

— J'aimerais comprendre... Je n'ai pas demandé à être baptisé. Un jeune Soviétique n'a pas demandé à ne pas être baptisé.

— Certes, mais Dieu est amour et saura trier le bon grain de l'ivraie. »

Le bon grain, l'ivraie ? J'attendais une réponse précise : Dieu ne peut pas être indécis, marchander son salut à la tête des clients comme un négociant de céréales. Il est absolu ! Quelle confiance accorder à ces hommes d'Église, à la religion, s'ils ne savent pas répondre à la question d'un enfant ? Progressivement, j'en étais ainsi venu à tester, pendant ces interminables montées d'escalier, ce Dieu d'amour qui tardait à se manifester : « Si tu existes alors il neigera demain. » Devant le peu de résultat, j'avais augmenté les enjeux : « Tu n'existes pas... Car si tu existais, tu devrais me punir pour cette pensée impure. » La punition ne venant pas plus que la neige, je m'étais enhardi à blasphémer intérieurement, tout en montant les dernières marches d'escalier : « Dieu est un gros con ! Frappe-moi si tu le veux, je ne te crains pas. » Dieu avait été assez gracieux pour ignorer mes rodomontades. Je devins ainsi un enfant de chœur repenti, la pire des engeances pour un confesseur.

N'empêche qu'aujourd'hui, j'aimerais bien pouvoir croire en Dieu, ou au moins dans mes prières. À tout hasard, je lui dis : « Tu ne peux pas faire une saloperie comme ça à Mischa. Il n'y est pour rien. Sois généreux : oublie les outrages. Je n'étais qu'un sale môme ! »

RHIN ET DANUBE

1er août 2013

SEPP, le gardien du refuge avec qui nous avons sympathisé hier soir, doit avoir la soixantaine bien tassée, peut-être plus. Difficile de se faire une idée précise car le drôle a teint ses cheveux raides et drus en noir chocard. Il les coiffe en arrière à la manière de ces vieux chanteurs yéyés qui tentent un *come-back* en remettant leurs costumes à paillettes. Le temps a laissé néanmoins quelques discrètes empreintes qui sont autant d'indices : lunettes épaisses un peu fumées, taches brunes sur ses grandes mains, cou raviné de multiples rigoles. Mais si le temps est irrésistible, il sait se montrer généreux pour les montagnards, pour ces hommes qui se contentent de peu. Ainsi, malgré l'heure matinale, Sepp s'active avec entrain entre les tables de sa démarche de plantigrade : lourde et agile à la fois.

« *Hallo*, Sepp… Quelle belle matinée !

— *Hallo*, Léo ; *hallo*, Eva. Avez-vous bien dormi ?

— Mieux que toi ! »

Il sourit en relevant ses lèvres d'un côté, en clignant des yeux, tout en cherchant une réplique humoristique. Je ne lui en laisse pas le temps et l'accable : « Quand même, ce n'est pas raisonnable de se lever aussi tôt ! À quand l'âge de la retraite ? »

Il rigole tout en faisant mine de me lancer son torchon à la figure :

« Mais je suis à la retraite... Quarante-cinq années dans un bureau, ça suffit !

— Dans un bureau ?

— Oui, je travaillais à la Caisse d'épargne. »

À mon tour de rire.

« Tu es un banquier. Tu n'as pas besoin de travailler pour vivre !

— Pour manger, non... Pour vivre, oui.

— Explique-nous...

— En bas, je m'ennuie, je me tasse. Ici, je respire, je fais des rencontres, je blague... Ici, j'ai tout ! Mais vous savez cela. »

Il poursuit, un brin nostalgique :

« J'aimerais bien partir comme vous en Italie ! D'ailleurs savez-vous que le premier refuge Heilbronner se trouvait sur le versant italien du Similaun ?

— Pourquoi le premier ?

— Il a été incendié par les Chemises noires de Mussolini de peur que les indépendantistes tyroliens y trouvent refuge. »

Sepp est d'humeur bavarde. Seuls clients dans la salle, nous en profitons pour l'interroger sur l'étape de la journée. Penché sur la copie de carte, il examine avec intérêt le tracé prévu. Puis, se relevant, il secoue la tête en nous regardant avec des yeux étonnés :

« Ça ne passe pas par là. Il n'y a pas de chemin.

— On sait... Mais d'après les projections Google Earth et la carte, ça devrait pouvoir passer par cette brèche – *Scharte* – entre Petit et Grand Vallüla. La pente nord ne doit pas excéder 35° et, côté sud, il y a un sentier...

— Je ne connais pas ce passage. Les randonneurs qui partent d'ici pour le lac de la Silvretta descendent à Kopp et prennent le bus.

— Le bus ? Hors de question... Et si nous contournons la montagne à pied, la journée sera trop longue ! Nous n'avons pas le choix : il faut passer par cette brèche.

— Bon, je vous fais confiance. Après tout, vous êtes arrivés sans encombre jusqu'ici depuis Füssen. Mais s'il vous plaît, téléphonez-moi à votre arrivée.

— Promis. »

Les premiers randonneurs sortent à peine de leurs chambres et dortoirs lorsque nous gagnons la terrasse pour achever de nous préparer. Au col de la Séparation, un léger vent du nord nous glace. Nous basculons du bassin du Rhin dans celui du Danube[4]. Nous atteignons un des points bas de la journée. La cheminée d'une ferme d'alpage, dont les volets sont tirés, fume. Il est encore bien tôt : les hommes s'éveillent à peine. J'aime arpenter la montagne à cette heure, quand les ombres s'allongent, quand la pelouse est livrée aux oiseaux, quand la gelée blanche menace encore la rosée ! On marche alors sans effort avec le sentiment parfois de planer au-dessus du sentier. J'aime ces heures givrées quand le sac à dos ne pèse rien.

Un peu plus d'une heure après notre départ, nous traversons le barrage du Kopp. Il surplombe le torrent d'une quarantaine de mètres, dominant la vallée de l'Ill qui mène à Bludenz, puis au lac de Constance.

« Léo, peux-tu regarder si ton téléphone passe ?

— Pourquoi, tu veux téléphoner à tes parents ?

— Non, mais Mischa nous a peut-être laissé un message. Il devrait être à Sasyr maintenant.

— Oui, c'est possible... Mais, je préfère garder mes batteries jusqu'à ce soir. On ne sait jamais ce que nous réserve la journée. »

De nouveau, Eva se contente de ma réponse sans barguigner, apparemment sans émoi. Combien de temps pourrais-je lui cacher mon pressentiment, mon inquiétude ?

Passé le barrage, nous quittons la montagne domestiquée pour pénétrer dans les Alpes sauvages : huit heures, au moins, de navigation incertaine, à vue et à la boussole. Cette précarité m'éloigne un instant du sort de Mischa. Ça passe ou non ? Que ferons-nous si ça ne passe pas ? Arriverons-nous alors avant la nuit ? Aurons-nous assez d'eau ? Les priorités s'organisent d'elles-mêmes ; retour à l'immédiat. Je me félicite d'avoir, finalement, pris un bout de corde, deux sangles et deux mousquetons, indispensables pour franchir une barre rocheuse, évoluer sur une vire, mais insuffisants pour installer un relais et grimper.

Dans ce cas, nous n'aurions d'autre choix que de faire demi-tour : une interminable galère...

Le soleil nous rattrape quand nous gravissons les pentes débonnaires du Breitspitze, couvertes de rhodos. Plusieurs traces se faufilent entre les fourrés. Laquelle prendre ? Nous improvisons, changeons parfois d'aiguillage, déraillons même pour couper à travers la végétation. Au sommet, nous tentons de décrypter le paysage que nous découvrons : un large vallon, plein sud, envahi par des pierriers géants, plus à l'est une pyramide isolée : le Grand Vallüla qui domine la brèche que nous devons emprunter. Mais d'ici, impossible de la voir. Il faut y aller ! Pour descendre dans le vallon, nous zigzaguons entre des vires, nous rattrapant aux herbes pour ne pas glisser : un vrai terrain à chamois. La sente n'est déjà plus qu'un lointain souvenir. Alors qu'Eva commence à s'inquiéter, nous tombons nez à nez sur un berger accompagné de son border collie qui vient à notre rencontre. Le bonhomme s'arrête, aussi surpris que nous. Nous le saluons d'un sonore *Grüssgott !* Il échange quelques paroles de politesse avec Eva, le menton appuyé sur deux grands bâtons de coudrier. Ses yeux, profondément enfoncés dans les orbites, sont d'un bleu intense, presque glaciaire. Je m'écarte pour l'observer. Grand, mince, un peu voûté, il porte de lourds brodequins de cuir et un grand sac à dos : il ressemble au saint Christophe de ma médaille d'enfant. Sa mise est plutôt négligée : une barbe d'une semaine, de longs cheveux gras qui lui tombent dans le cou, un vieux *tee-shirt* blanc troué et taché, un pantalon d'alpinisme dont le rouge n'est plus qu'un vague souvenir : un berger autrichien semblable à nos bergers queyrassins ! J'ai bien du mal à suivre la conversation tant son accent m'est étranger. Eva, elle-même, peine à comprendre ses réponses.

« Où allez-vous comme ça ? lui demande-t-elle.

— Nous rejoignons notre troupeau à l'ouest du Breitspitz.

— Vous montez souvent ?

— Oh, une fois tous les trois à quatre jours. »

Je m'amuse du pronom sujet « nous », alors que son chien profitant de l'arrêt improvisé se couche à ses pieds.

« Ah, c'est vrai que vous n'avez pas encore de loups au Tyrol.

— Non, pas encore... Mais il paraît qu'on en a déjà vu dans le Valais et en... »

Impossible de suivre ce dialecte du Montafon. Je me contente de saisir à la volée certains noms de lieux, de reconstruire des phrases à partir de bribes.

« Vous venez d'où ? demande Eva.

— De Bielerhöhe.

— Ah, c'est là que nous allons.

— Mais il n'y a pas de chemin.

— Mais vous y êtes bien passé !

— Oui, mais moi je connais... »

J'interromps Eva : « Peux-tu lui demander si la brèche est praticable ? »

Elle s'exécute, mais l'homme ne comprend pas la question. Eva doit expliquer ce que *Scharte* signifie...

« *Ach, das Jörchle...* Oui ça passe si on sait où passer...

— Il y a des traces ?

— Pas trop, en dehors des miennes. »

L'homme répond comme s'il voulait protéger son jardin secret. À moins qu'il n'hésite à envoyer deux pèlerins dans un itinéraire exposé ? Comment savoir ? Il consent néanmoins à nous indiquer du doigt le parcours qu'il a suivi puis repart en claudiquant vers les hauteurs, en s'aidant de ses deux grands bâtons. À demi rassurés, nous poursuivons notre dégringolade vers un épais bosquet de vernes qui nous mène à une petite centrale hydraulique dissimulée dans la végétation. Malgré le panneau *Eintritt verboten* – Entrée interdite –, nous traversons le barrage pour rejoindre une banquette horizontale. Elle dessert une autre centrale, un peu plus importante. Là, nous devons escalader l'ouvrage afin de franchir un autre torrent qui bouillonne sous nos pieds. Voilà six heures que nous sommes en route. Il est temps de faire une halte à l'ombre des vernes. Ces centrales sont nos derniers points de repère avant la brèche. Après, c'est *terra incognita...* Allongé dans l'herbe grasse, j'observe les pentes de l'ubac au-dessus de nous. Elles doivent être régulièrement balayées par les avalanches. Cela explique l'absence de résineux malgré l'altitude modeste, à peine 1800 mètres. Les vernes sont bien plus accommodants et, comme le roseau de La Fontaine, contre les coups épouvantables plient mais ne rompent pas. Certains prétendent que, imputrescibles, ces arbres, ou au moins leurs cousins des plaines, les aulnes, auraient servi à ancrer Venise dans la vase de la lagune. Venise, la suzeraine de Bergame...

Après un maigre pique-nique, nous furetons dans le fourré à la recherche des traces du passage de notre berger et de son chien. Eva repère bientôt, dans ce maquis apparemment infranchissable, une coulée : des branches cassées, d'autres tordues, de grandes herbes couchées à terre. Nous nous insinuons dans cette brousse à peine déflorée, aux fragrances de vieux cuir et d'eau de rose. Depuis toujours, cette odeur agit sur moi comme un panneau frontière : « À partir d'ici, vous quittez le secteur de la montagne à vaches pour le secteur de la haute montagne, sa pureté et ses mystères... »

Plus haut, après avoir bataillé avec les branches basses, nous débouchons sur un faux plat. La brousse rampante laisse place à une mégaphorbiaie exubérante arrosée par les sources qui se sont donné rendez-vous dans ce fond de cirque. Comme en Sibérie, il faut passer de touffe en touffe en écartant de la main ou des bâtons la végétation qui menace de nous engloutir : des orties et des grandes oseilles, mais aussi de longues tiges à fleurs roses – les adénostyles à feuilles d'alliaire – ou bien la laitue des Alpes aux capitules bleu violacé dont les feuilles élancées sont en forme de hallebardes. Nous traçons hardiment notre chemin, en luttant contre la gravité, laissant derrière nous un profond sillage d'étrave, d'herbes couchées.

Nous butons enfin contre un verrou glaciaire apparemment infranchissable, dégoulinant de cascades. Un rapide coup d'œil sur la carte nous confirme la possibilité d'une échappatoire. Une étroite rampe monte raide entre deux murs gris. Les modestes arnicas et les épervières orangées ont suppléé les plantes géantes. Nous franchissons cet obstacle sans difficulté pour rejoindre un deuxième replat couvert d'une pelouse. Un petit lac, vestige de l'ancien glacier, enchâssé dans un pierrier, occupe le fond de la cuvette. De nouveau, nous partons en quête de signes du passage de notre berger. Peine perdue, l'herbe est trop rase ! Nous nous résolvons, après avoir envisagé d'autres options bien plus acrobatiques, à escalader un pierrier géant constitué de milliers de blocs de plusieurs mètres cubes entassés, comme dans un Mikado, sur une pente à forte inclinaison. Malgré leur difficulté apparente, ces acrobaties ne sont pas pour me déplaire. Il faut optimiser son trajet, lire la roche, se faire léger, se fondre dans ce chaos, se faire oublier. La corde n'est pas nécessaire car l'exposition est faible. Le seul véritable risque serait de faire partir un bloc en équilibre instable. Aussi, les bâtons repliés dans le sac, testons-nous chaque rocher douteux avec les mains ou la pointe du pied avant d'y transférer notre poids. Nous nous hissons ainsi sur près de 200 mètres pour retrouver, enfin, un peu de vert. Une dernière traversée de pierrier en dévers nous amène au fond du cirque, face à la paroi qui se soulève. Nous découvrons la fameuse brèche et poussons un soupir de soulagement. Elle est tout à fait abordable ! Heureusement, d'ailleurs, car il ne nous reste plus qu'un demi-litre d'eau. Nous fêtons la fin de notre galère en buvant chacun l'équivalent d'un verre. Eva prend la tête et franchit sans difficulté la centaine de mètres qui nous sépare de la ligne de crête. Je l'entends dire : « C'est superbe ! » Elle ne se trompe pas ; l'horizon est tout occupé par une chaîne de glaciers qui fait office de frontière. Nous tentons d'identifier quelques sommets : face à nous, surmontant une calotte glaciaire, le Piz Buin, à sa droite le Silvrettahorn et, à sa gauche, la pointe des Trois-Contrées – Tyrol, Vorarlberg et Suisse. Entre cette ligne d'horizon et les alpages à nos pieds, une longue tache, épaisse comme un pastel, bleu pâle, pigmentée avec le blanc de la silice arrachée par les torrents et les glaciers : le lac de la Silvretta. Un frêle esquif tout en longueur fend ses eaux laiteuses à la vitesse d'un hors-bord.

Il est déjà 16 heures. Voilà dix heures que nous sommes en route. La descente, d'abord facile dans des alpages accommodants, se complique lorsque nous abordons une vaste combe herbeuse assez abrupte. Un éboulement a emporté une portion du sentier, nous contraignant, malgré la fatigue et les débuts de crampes, à désescalader les drailles taillées dans la glaise par les moutons et les bouquetins. La difficulté surmontée, nous nous amusons de voir un panneau interdisant le passage sur la trace que nous venons à peine d'emprunter.

Une centaine de voitures et de cars stationnent à proximité du barrage de la Silvretta. Après quatre jours quasi érémitiques, le retour est difficile dans la communauté des hommes ! Nous nous hâtons de traverser la plazza.

Elle est occupée par des familles et des motards de passage qui se photographient devant le lac. Nous rejoignons enfin notre halte du soir : un hôtel trois étoiles dont l'architecture sobre et moderne contraste avec les chalets et les balcons garnis de géraniums auxquels nous nous étions accoutumés. Rompus à la rude discipline des refuges, nous enlevons nos chaussures de montagne et pénétrons en chaussettes dans le hall, bâtons à la main. Indifférents aux regards peinés de la clientèle proprette sentant l'eau de toilette, nous nous dirigeons vers la réception. Malgré notre allure de vagabonds, le gérant, un grand brun à l'accent rocailleux des Balkans, nous accueille, manifestement heureux de nous recevoir.

« Soyez les bienvenus !

— Nous avons réservé une chambre.

— C'est bien vous qui traversez les Alpes à pied ?

— Oui, je l'avais mentionné dans mon mail de réservation.

— Pas de problème, chambre 306. »

Il poursuit : « Ah... j'ai un message pour vous. »

Il me tend en souriant un papier avec la clé de la chambre. Je blêmis... J'en étais certain !

Troisième partie
GRISONS

LA CHUTE

1er et 2 août 2013

« SVP, RAPPELEZ monsieur Simon » : un message direct, simple et nu comme la mort. Putain, c'est pas vrai ! Simon, mon collègue et associé, ne peut m'appeler que pour un cas d'une extrême gravité. Il est bien trop soucieux de préserver ma liberté. D'ailleurs, pourquoi ne donne-t-il aucun détail ? Essaie-t-il de me préserver, pour me préparer à la terrible nouvelle ?

Voilà sept ans, Eva avait fait de même ; un simple message sur mon répondeur : « Peux-tu me rappeler ? » Je l'avais rappelée : « Léo, ta maman est morte, je suis désolée. » Elle avait dit maman, malgré notre âge, malgré l'âge de ma mère. Une maman reste toujours une maman. Un papa reste toujours un papa. Nous montons au deuxième étage. Je m'arrête sur le palier.

« Eva, je te rejoins, je passe un coup de fil à Simon.

— D'accord, je vais prendre ma douche. »

Je compose le numéro du bureau. Simon doit y être à cette heure. Catherine, une logisticienne, répond.

« Bonjour Catherine, c'est Léo.

— Bonjour Léo, tes vacances se passent bien ?

— Oui, merci. Peux-tu me passer Simon ?

— Je crois qu'il est sorti. Je ne vois pas sa voiture. J'essaie quand même. »

Le téléphone sonne longuement dans le vide. Je m'interroge sur l'intonation de la voix de Catherine. Elle semblait normale. Mais peut-être n'est-elle pas au courant, à moins qu'elle ne donne le change ? Si quelque chose est arrivé à Mischa, le secret n'aurait pas pu être gardé longtemps au sein de la société. Chaque drame nous atteint au cœur, comme au sein d'une famille. Lors de la disparition d'un de nos vieux guides, c'est Simon qui m'avait appelé : « Léo, Ludo a disparu avec un client, au Ladakh, dans une coulée de boue... Je ne crois pas qu'on puisse les retrouver vivants. » J'étais alors avec une dizaine de clients sur la passerelle d'embarquement d'un avion en partance pour la Colombie. Que faire : rester pour partager avec les nôtres l'angoisse puis le chagrin ou partir avec les clients et faire mine de rien ? J'étais parti les jambes sciées et le cœur lourd. *The show must go on...*

« Léo, pas de réponse. Essaie sur son mobile. Veux-tu joindre quelqu'un d'autre ?

— Non, je te remercie, Catherine. Je t'embrasse. »

Nouvelle sonnerie dans le vide sur le mobile de Simon. J'essaie une deuxième fois ; laisse un message : « Bonsoir Simon, je retourne ton appel. Je suis joignable jusqu'à demain, rappelle-moi quand tu veux. » J'ajoute, un peu inutilement, à voix plus basse : « J'espère qu'il ne s'est rien passé de grave... »

Eva, qui a laissé la porte ouverte, m'a entendu :

« Que se passe-t-il ?

— Rien, je n'arrive pas à avoir Simon.

— Il s'est passé quelque chose ? Tu as l'air inquiet.

— Je ne sais pas... j'espère que ce n'est pas comme l'histoire de Ludo.

— J'espère aussi ! »

Plutôt que de prendre une douche, je redescends dans le hall où une connexion Internet est en libre-service. Rapidement, je vérifie mon courrier : plusieurs courriels sur la situation en Égypte ou en Turquie, mais aucune alerte provenant de Sibérie. J'en profite pour faire un point météo : grand beau pour demain et menaces d'orage d'ici deux ou trois jours. Je vérifie enfin les pages Facebook de mes fils : aucun message depuis quinze jours. RAS...

Je traverse ce début de soirée comme un funambule sur son fil, insensible à mon environnement, à mon entourage, la pensée fixée sur le message de Simon. Eva s'étonne de mon absence :

« Léo, qu'y a-t-il ? Tu ne vas pas bien...

— Rien, ce n'est rien. Je pensais à la journée de demain.

— Et alors ?

— Non, rien de méchant, mais il faudra faire attention.

— Ah... »

Je continue à donner le change, incite Eva à suivre une fausse piste, lui donne des indications sur notre itinéraire, sur les difficultés de la journée. Son attention se relâche et dérive bientôt vers une nouvelle attraction.

Une dizaine de jeunes gens, parlant fort en anglais, entrent dans la salle de restaurant. Formidablement bâtis, ils ont une plastique de héros de téléréalité. Mais non, leurs yeux brillants, leur mise impeccable, leur langage choisi ne trompent pas. Ce sont des *gentlemen*. Nous avons affaire à des acteurs hollywoodiens ou des premiers de la classe passés par les salles de musculation de Cambridge ou d'Oxford. Ces mannequins ne laissent pas indifférentes Eva ni même les quelques demoiselles accompagnées de leurs parents qui dînent en silence à côté de nous. Le mystère est enfin éclairci avec l'apparition d'un homme d'une soixantaine d'années s'exprimant en anglais avec un léger accent germanique. Il porte un blazer orné d'un écusson du GB Rowing Team. Le *coach*, répondant à ma question, nous explique que depuis une dizaine d'années, l'équipe d'aviron britannique prend ses quartiers d'été dans ces montagnes reculées du Montafon.

Cet intermède insolite m'a un peu distrait de mon obsession morbide, insuffisamment cependant pour ne pas vérifier toutes les dix minutes qu'aucun message ne m'a été envoyé. Le dîner expédié, nous remontons dans notre chambre au décor sobre comme un intérieur finlandais. Une fois de plus, j'essaie de joindre Simon, en vain. Je lui laisse le même message, puis m'endors à peine glissé dans les draps du grand lit. La fatigue et le sommeil sont plus forts que la peur de la mort !...

« Léo, quelle heure est-il ?

— Je ne sais pas... » dis-je en regardant, les yeux encore brouillés, ma montre qui indique 3 heures 30.

« Tu n'arrêtes pas de bouger.

— Ah bon. Ce n'était pas la peine de me réveiller pour me dire ça… Bonne nuit.

— Bonne nuit. »

Le réveil est difficile : peu de sommeil ou du mauvais sommeil ; je ne me souviens de rien. Quelle importance ? Première urgence, vérifier ma messagerie : rien.

Le jour n'est pas encore levé lorsque nous traversons à grandes foulées le parking déserté par les motards et les familles, puis la longue digue qui barre la vallée de l'Ill. Eva marche d'un pas décidé. Peut-être est-elle impressionnée par la description de l'étape que je lui ai faite ? Interminable avec ses 25 kilomètres et sa dénivelée qui dépasse 1800 mètres ; une dizaine d'heures, sans traîner ! Bien dommage d'ailleurs de parcourir ce chemin bordé d'épilobes au pas de course alors que les marmottes sortent à peine le nez de leurs terriers. Peu à peu, les crêtes devant nous se distinguent de la nuit, puis s'éclairent, bordées par un infime liseré de lumière. Nous marchons à l'ombre des parois massives, rafraîchis par la brise descendante qui lève quelques vaguelettes sur le lac.

Nous quittons les bords de l'eau pour nous engager dans la première vallée sur notre droite. Le téléphone ne passe plus. Qui sait quand je pourrai de nouveau contacter Simon ? À tout hasard, je garde mon téléphone ouvert. La pente est régulière et ne demande pas d'effort particulier. Nous progressons rapidement. À ce rythme, nous devrions arriver au refuge avant 16 heures ! Ce matin, la marche, la montagne ne suffisent pas à éloigner mon cauchemar.

« Eva, peux-tu me prêter ton lecteur mp3 ?
— Qu'est-ce qui t'arrive ? »

Plus d'une fois, je lui ai expliqué, en effet, qu'écouter de la musique en marchant, c'était se couper de la respiration de la terre, de sa propre respiration, c'était marcher et vivre à moitié...

« Il n'y a que les ânes qui ne changent pas d'avis ! »

Les écouteurs sur les oreilles, je sélectionne l'album « Musique religieuse ». Je me laisse bientôt porter par la psalmodie grave et pure des pères chartreux. Après tout, cette musique aura peut-être plus d'effet que mes prières ? Les chants se succèdent, de pas en pas, de cairn en cairn. Nous arrivons ainsi, sans effort, au fond de la vallée : une zone humide, une vaste « siagne » semée de renoncules et de roches polies par les glaces. Il nous faut chevaucher maintenant la crête d'une moraine qui descend des hauteurs. Le soleil, enfin, nous a rejoints et détache nos silhouettes sur le fond de la vallée. Cette vision prend pour moi des allures bibliques : Jésus montant au Golgotha ou bien une procession de pénitents ? Au même moment, un chœur d'*Alpini* – les fameux chasseurs alpins italiens – bergamasques entonne un poème qui résonne dans mes écouteurs : *Signore delle Cime.*

« Dieu du ciel, Seigneur des cimes,
Notre ami a disparu dans les montagnes.
Mais nous te prions, nous te prions,
là-haut, au Paradis, là-haut, au Paradis,
Laisse-le aller dans tes montagnes. »

Une prière s'échappe de mon esprit : « Seigneur des cimes, protège mon garçon et, si par malheur, il est auprès de toi, prends bien soin de lui... » À quoi me servent mes connaissances, mes raisonnements, mon armure d'adulte responsable ? Je suis nu, désarmé face à l'inconnu, face à la mort. Seules mes prières d'enfant, illusion ou vérité, me tiennent encore lieu de protection. J'en serais presque à faire un signe de croix, un signe de la Cabbale ou même une messe vaudou pour retrouver Mischa.

Le cheminement vient rompre cette sombre spirale mélancolique. Le sentier, les traces et les cairns disparaissent sous une épaisse coulée de neige sale durcie par le froid, alors que la pente se redresse. Plus le temps de se laisser porter par les pères chartreux, de prier ou même de rêvasser, il faut analyser, décider, agir. Malgré la pente, l'absence de piolet et de crampons, nous optons pour une montée frontale, les bords du vallon, déjà secs, étant encore plus inclinés. Malgré nos semelles souples, il faut tailler des marches, ou plutôt des encoches, pour s'élever peu à peu avec précaution alors que la pente se fait de plus en plus menaçante. Bientôt, je serre les dents à chaque coup de pied, les ongles bleuis par les chocs. Eva suit tout près de moi, concentrée. Après quinze minutes, nous retrouvons le contact avec le rocher et poursuivons notre jeu de piste dans un chaos de gneiss et de boules de granit. Le cheminement, superbement tracé, nous porte presque sans effort sur le fil de l'arête. Cette dernière nous mène, tantôt à l'ombre, tantôt au soleil, en quelques petits pas d'escalade facile à une large selle enneigée :

la Rote Furka – le « col Rouge » –, marqué par un beau cairn élancé comme un cyprès italien, non loin d'une borne frontière aux initiales des deux pays : A et CH. Nous dominons le vaste glacier de la Silvretta qui s'écoule paisiblement depuis les sommets environnants, le Piz Buin et le Silvrettahorn. Quelques fourmis égarées sur cette vaste esplanade se regroupent : des cordées d'alpinistes.

Le téléphone ne passe toujours pas. La halte, ventée, est de courte durée. Il nous faut de nouveau nous concentrer sur la marche, sur le terrain. La descente est exposée. Une fine ligne de terre dégringole entre les pentes herbeuses presque verticales sans aucune possibilité de s'assurer : interdit de trébucher ! Eva me suit à 2 mètres, sans un mot, calquant ses pas sur les miens. Nous avons cessé tout bavardage, nous efforçant de marcher régulièrement, sans à coup, nous équilibrant tant bien que mal avec nos bâtons. Nous franchissons ainsi une centaine de mètres, les plus exposés sans doute. Si la pente reste raide, elle est maintenant moins impressionnante. La conversation reprend...

« Sommes-nous loin du Cervin ? me demande Eva.

— Je crois bien que oui, peut-être à 200 kilomètres à vol d'oiseau.

— Ah, mais, ce se... »

Un cri, un seul : « Léo ! »

Du coin de l'œil, j'entrevois une ombre noire plonger vers le glacier. Instinctivement, je me lance à sa poursuite, la saisis au vol. Nous retombons lourdement entre deux blocs de rochers, à un rebond de pierre du vide, le vrai.

Nous sommes tous les deux sous le choc. Tout est allé si vite ! Je suis le premier à reprendre mes esprits. La dalle est maculée de sang. Eva est blanche de terreur. Elle tremble de tout son corps, encore allongée entre les blocs. Elle semble à demi-consciente, dodeline de la tête, gémit doucement.

« Léo... je me suis cassé quelque chose.

— Pas de panique. Nous sommes vivants. D'abord, mettons-nous à l'abri. La falaise est toute proche. »

Précautionneusement, mesurant chacun de mes gestes, je m'agenouille, ajuste mon sac, puis me déplie en prenant appui sur un rocher. Tirant alors Eva par les épaules, je l'aide à s'asseoir sur une banquette herbeuse : « Faisons un état des lieux. Essaie de tourner la tête, de gauche à droite, de haut en bas. Bouge tes pieds, tes bras, tes mains. »

Eva obéit docilement. Chaque fois, je vérifie que le mouvement est effectué.

« Ça fait mal ?

— Je ne sais pas, j'ai mal à la main. »

Elle se met à pleurer doucement. Eva, c'est sûr, craint de ne plus pouvoir jouer. Eva, la concertiste inspirée, la violoncelliste allemande, l'élève préférée de János Starker, le fabuleux musicien hongrois ; Eva, qui m'a séduit, une fois pour toutes, en jouant les sonates de Brahms, accompagnée d'un autre vieux monsieur hongrois, un autre merveilleux pédagogue, György Sebok[5]. Eva, la douce Eva... Je lui prends la main gauche. Elle est baignée de sang.

« Bouge tes doigts, un à un...

— Aïe...

— Tous les doigts bougent, laisse-moi toucher. »

Un à un, je palpe chaque os de sa main – phalanges, carpes et métacarpes –, ne décèle aucune fracture. J'applique alors quelques torsions sur ses phalanges pour tester les ligaments, sans réaction d'Eva. Seule sa plaie sur la première phalange du majeur droit continue à pisser le sang. Après avoir sorti la trousse de secours et la gourde du fond de mon sac, je la lave à grande eau.

« Peux-tu poser ton doigt là et appuyer pour arrêter l'hémorragie ?

— Là ?

— Oui, là... »

Eva retrouve peu à peu ses esprits. J'en profite pour examiner la plaie. Elle est profonde mais étroite et propre.

« Bon, au moins, on y voit plus clair ! Ce n'est qu'une plaie. Je vais laver et panser. On verra plus tard si on met des points. »

À ce moment même, je pense : pourquoi ne pas abandonner ce projet de traversée des Alpes, soigner correctement Eva, téléphoner et m'assurer une fois pour toutes de la réalité. Pourquoi m'obstiner ? Parce que c'est notre projet, parce qu'abandonner signifierait avouer à Eva l'angoisse qui me dévore depuis maintenant cinq jours. Parce que je redoute et fuis plus que tout cette inéluctable réalité.

FLUELA PASS
3 août 2013

JE ME SUIS LEVÉ bien avant Eva. Il me faut être seul, m'éloigner un instant du quotidien pour absorber le trop-plein de tristesse, de désespérance. Je marche, comme hier soir, vers la butte que m'a indiquée Kubi, le propriétaire du refuge. Mais non, aucun signal ! Le téléphone ne passe toujours pas. Ah si, enfin, une barrette clignote ! Vite, j'essaie de contacter Simon : une sonnerie et puis rien. Nouvel essai, nouvel échec : aucun message de Mischa ou de Simon depuis vingt heures.

Je retourne vers le refuge et m'assois sur une table pour me remplir de la rumeur du torrent qui serpente dans les prés, me laisser bercer par le flottement du grand drapeau qui ondoie dans le vent du sud : la bannière des Grisons. Un étrange bouquetin noiraud étale fièrement ses attributs mâles, surmonté de deux blasons colorés. Cet animal semble me dire : « La haute montagne est mon refuge... Si tu as des intentions belliqueuses, passe ton chemin, car ici tu ne pourras me rattraper... » Un emblème modeste mais bien plus malin et agile que ces aigles qui veulent dominer le monde avec leurs ailes de plomb ou ces ours, un peu ballots, levés sur leurs pattes arrière comme des chienchiens à leurs mémères.

Kubi me rejoint sur la terrasse, me demande si j'ai bien dormi sans prêter attention à ma réponse. Nous échangeons ainsi quelques paroles insignifiantes sur l'itinéraire de la journée, sur la présence de vent du sud. Je reste sur mes gardes, ne réponds que par des phrases ramassées, soucieux d'écourter cet échange inutile. Peut-être suis-je injuste, mais le vieux Kubi, avec ses manières doucereuses et cauteleuses ne m'est guère sympathique. Ne gère-t-il pas son refuge comme un paysan rapiat, comme un mercanti ? Peut-on d'ailleurs encore qualifier de refuge cet édifice, à la confluence de trois vallées alpines, desservi par une route privée ? Une navette ininterrompue de minibus marqués à son nom alimente la terrasse avec des lots de consommateurs venus de Davos et de Klosters. Ils viennent, le temps d'un après-midi, frissonner dans le grand air, avaler un roulé de viande de grisons au chèvre frais, une tarte aux myrtilles tout en sifflant un demi ou un panaché. Pas ou peu de marcheurs malgré la splendeur de ces prairies égayées par les échos graves des humbles sonnailles en tôle d'acier et les nobles clarines en bronze au son clair. Il est vrai que les prix pratiqués par Kubi doivent éloigner plus d'un randonneur impécunieux. Il faut être lord anglais, banquier genevois ou zurichois, rentier qatari pour oser l'aventure dans ces extrémités !

La longue virée dans la vallée aux bords arrondis agit bientôt comme un baume sur mes brûlures. Le malheur est-il soluble dans la marche ? Eva prétend, par exemple, qu'il lui est impossible d'être malheureuse en chantant ou en jouant de la musique. Plus d'une fois, lors de nos inévitables algarades, je l'ai vue, le visage tourmenté, s'enfermer dans la chambre de musique pour jouer du violoncelle et évacuer les larmes qui bordaient ses yeux.

Dépassant les lèvres du verrou glaciaire, nous découvrons une enfilade de lacs. Les névés tout proches, les glaciers mais aussi les nuages pommelés se mirent dans les eaux saisies par le froid du petit matin. Cette image idéale anesthésie, un instant, la douleur secrète qui me consume. Je m'allonge dans l'herbe pour profiter des premiers rayons de soleil. Un à un, je crache mes noyaux de pruneaux, semant un verger imaginaire dans ces contrées glacées. Eva s'assoit à son tour, appuie son dos contre mes tibias, sa tête contre mes genoux. Elle se cale pour profiter de la vue. Elle est heureuse. Une nouvelle fois, je me répète en moi-même, comme pour m'en persuader, que la mort n'est rien ; seul le deuil est atroce. Mais la vie, malgré toutes les souffrances, est bien plus forte que le deuil. Une vie qui, elle-même, ne pèse rien face à la mort ! Papier, caillou, ciseau ! La roue de la vie et de la mort tourne jour après jour, vie après vie.

Les prières de mon enfance sont vaines car Dieu n'existe pas, à moins qu'il ne soit devenu sourd et muet. Pour ne pas trop souffrir, il me faudrait accepter l'intolérable, me préparer à l'inévitable, revêtir mes habits de deuil. J'ai trop mal pour pleurer. La douleur me brûle, me vide : un tourbillon de poussières, l'expression d'une colère infinie. En perdant Mischa, je perds mon identité pour revenir à ma condition première : le néant. D'ailleurs, il n'existe pas de mot pour qualifier des parents qui perdent leur enfant. « Tu es poussière… » Pour ne plus souffrir, il me faudrait une impossible sagesse, celle du Bouddha ou des bodhisattvas[6]. Impossible, car il me faudrait renoncer aux liens qui m'attachent aux miens, à ma conception fusionnelle de l'amour, à mes illusions d'éternité. Tant pis, autant souffrir, mais aimer et espérer !

« Tu dors ? me demande Eva.

— Je rêvais.

— À quoi ?

— C'est secret… Domaine privé !

— On y va ? »

Rien de tel qu'un itinéraire, un horaire à tenir pour revenir à la réalité ! Nous reprenons ainsi notre ascension vers un col perché à 2 800 mètres. La chaleur est inhabituelle à cette altitude. J'observe avec crainte l'évolution du ciel. Pourtant, contrairement à mes prévisions, les nuages s'effacent peu à peu, se dissolvent dans le bleu pâle. Le vent faiblit : fausse alerte ou signe annonciateur d'un front froid qui hésite, ondule comme une bête sauvage, avant de passer à l'offensive ?

Au col, nous retrouvons de nombreux randonneurs suisses venus de l'autre vallée par un itinéraire court et facile pour la sortie du week-end. Un vieil homme installe un appareil photographique affublé d'un téléobjectif démesuré sur un grand trépied noir afin, sans doute, de capturer l'image de « bêtes à cornes ». Deux petits enfants s'approchent à quatre pattes de la falaise qui plonge vers les lacs. Le père les suit à moins d'un mètre, prêt à les arrêter s'ils poussent le jeu trop loin. À l'arrière, la mine renfrognée, la maman lance un poignant : *« Halt ! Es ist zu gefährlich ! »* – « Arrêtez, c'est trop dangereux ! » C'est ainsi que Willi et Mischa ont appris à devenir autonomes, à aimer la liberté plus que tout, au grand dam d'Eva qui, pour leur bien, les aurait mis en laisse si elle avait pu. J'ai envie de dire à ce père : « Comprenez-vous bien les risques de cette liberté que vous leur apprenez ? Êtes-vous prêt à en accepter les conséquences ? » Peut-être aurais-je dû écouter Eva plus souvent ?

Des crêtes, nous pouvons dessiner de l'index le déroulement des prochaines heures. Nous descendrons ces pentes douces pour rejoindre le fond de la vallée vers midi. Nous remonterons alors le long de la route qui joue avec les reliefs pour franchir le col Fluela vers 14 heures. Nous devrions passer sous le sommet dès 16 heures. La montagne est un espace-temps.

De notre poste d'observation, nous entendons déjà les rumeurs de la civilisation motorisée que nous rejoindrons dans une ou deux heures. Des autocars passent la seconde avant d'aborder ce virage, des motards mettent la poignée dans le coin dans cette ligne droite. Le monde moderne nous attend là-bas. Mais ici, le téléphone ne passe toujours pas.

Les pentes sont facilement dévalées. Nous taillons droit dans les pierriers et éboulis sous le regard étonné et vaguement réprobateur des randonneurs qui, disciplinés, montent en file indienne sur le chemin balisé. *Ordnung muss sein !* – « Il faut de l'ordre ! » Rejoignant le sentier, la descente est rythmée alors par les *Grüssgott*, les *Salü* et les *Grüezi mitenand* en fonction de l'origine des promeneurs. Un grand bâton en bois à la main, une maman pansue accompagne courageusement une jolie et fine adolescente dont les chaussures sont assorties à ses écouteurs roses. Une petite bande de jeunes hommes, ruisselant de sueur, monte en discutant bruyamment. Ils emportent dans leurs grands sacs l'attirail complet du parfait campeur-pêcheur-noceur. Un grand gars, cassé en deux sous la charge de plusieurs packs de bière, ferme la marche. Plus loin, un couple âgé marche à tout petits pas. Ils tiennent à la main un jeune trisomique qui baguenaude, peu soucieux d'atteindre l'objectif de la journée. L'enfant nous fait de grands sourires, ouvre des yeux ronds. Il lâche la main de ses grands-parents, s'arrête, distrait par le vol hésitant d'une libellule, et rit. L'humanité en marche ?

Rendus au fond de la vallée, nous initions notre remontée, la tête baissée, vers le Fluela. Le soleil, au zénith, tape fort. Malgré nos ombrelles nous transpirons à grosses gouttes. Nous rapprochant du brouhaha de la route, nous nous accordons une pause prolongée auprès d'une cressonnière arrosée par plusieurs sources. Les pieds dans l'eau fraîche, nous améliorons nos sandwichs en croquant certaines pousses au goût poivré. L'image pourrait être parfaite, n'était le bourdonnement sourd mais incessant des automobiles auquel se mêle, par intermittence, le braillement strident des motos qui se coursent de virage en virage. Si la montagne est toujours là, elle a perdu son âme, son mystère et sa pureté comme une ancienne reine de beauté réduite à faire des passes. Que reste-t-il de cette montagne mécanisée ? De cette mine d'or blanc et vert soumise à une exploitation intensive ? Où sont les fiers bouquetins aux sabots levés ?

Après une courte sieste, Eva se lève et me réveille. Avant de repartir, alors qu'elle s'éloigne, je vérifie, machinalement, l'écran de mon téléphone : deux barrettes ! Vite, appeler Simon ! Pourtant, je temporise, hésite. Ai-je vraiment hâte d'apprendre ce que je sais déjà, de glisser dans un puits sans fond ? J'effleure malgré tout les touches de l'écran, le plus lentement possible, en respirant profondément, en retenant à peine mes larmes, parce que je sais déjà.

« Allô, Simon !

— Ah, c'est toi Léo. Tu as reçu mes messages ?

— Non, seulement celui qui me disait de te rappeler. Que se passe-t-il ?

— Oui, excuse-moi de te déranger pendant tes vacances. Mais c'est pour te dire... »

Un court silence. Sans doute hésite-t-il ? Pas facile de délivrer un tel message.

« Pour me dire ? »

Je serre les poings et me prépare au coup de poignard.

« Oui, tu as suivi ce qui s'est passé en Égypte ? »

L'Égypte ? Rien à voir avec Mischa ! Le ciel se déchire, laisse couler l'air à grands flots. Le reste de la conversation se déroule presque sans moi...

« Oui, bien sûr.

— Nous avons décidé de fermer l'Égypte. Tu comprends, ça ne devient plus possible...

— Ah bien... Sinon, rien de spécial ? »

« Sinon, rien de spécial ? » Une interrogation que j'utilise parfois pour meubler un vide ou pour signifier à mon interlocuteur que le sujet est clos, qu'on peut passer à autre chose. Une interrogation que l'on pourrait aussi traduire par « Je n'en ai rien à foutre ». Oui, vraiment, à ce moment même, je n'en ai rien à foutre des Égyptiens, de Morsi, Assad et consorts. Qu'importent les massacres, les exactions, les menaces terroristes... Je revis et respire de nouveau.

Eva est loin devant maintenant ; elle accélère même sous son parapluie ombrelle qui fait une tache rouge dans les alpages. Je reste seul, immobile, paralysé, vacillant, un peu comme un condamné qui vient de vivre un simulacre d'exécution : infiniment soulagé de respirer encore, mais suspendu aux caprices de ses geôliers. Je ne suis plus en deuil : Mischa est peut-être vivant... Vivant, mais en sursis, jusqu'à la prochaine alerte. Je tape un sprint jusqu'à Eva avec l'envie de l'embrasser, de danser une valse avec elle. Arrivé à son niveau, essoufflé, je la prends par la taille, l'embrasse sur la joue.

« Qu'est-ce qui te prends ? Tu as quelque chose à te reprocher ?

— Rien, je suis heureux.

— Tu dis n'importe quoi, voilà une heure tu maudissais les motards, tu en voulais à la terre entière. Tu as eu de bonnes nouvelles du bureau ?

— Non, pas vraiment. Mais ce n'est pas grave. La vie continue. »

L'ÉTERNEL RETOUR
4 août 2013

UNE AFFAIRE D'ALPINISTE, d'amateur de sensations extrêmes, de collectionneur de records ? Vous n'y êtes pas du tout. Une traversée pédestre des Alpes est avant tout une affaire de comptable. Posons le problème : 400 kilomètres et 32 000 mètres de dénivelée positive à parcourir en vingt-trois jours. Cela fait une honnête moyenne de 18 kilomètres et 1 400 mètres de montée par jour, soit huit heures de marche en terrain facile et jusqu'à onze heures en terrain montagneux. Rien d'héroïque, vraiment ! Comme des comptables de garnison, nous nous contentons donc de nous lever aux aurores, d'accorder nos métronomes, d'épargner nos pieds. Besogneux, disciplinés, chaque soir, nous lavons soigneusement nos chaussettes et nos sous-vêtements, en espérant qu'ils sèchent pendant notre sommeil.

Pour réussir cette traversée, il faut accepter sa dimension d'insecte face à la montagne, se contenter de suivre régulièrement une ligne imaginaire où temps et distance se mêlent indifféremment. Une fourmi a-t-elle conscience du temps ? Ne mesure-t-elle pas plutôt sa vie en millimètres et centimètres parcourus, en charges transportées ? Surtout, tempérer son *ego* ; oublier le petit sommet à l'écart du chemin, refréner sa curiosité et délaisser la petite chapelle à bulbe, le hameau pittoresque, situés à quelques kilomètres de l'axe. Obstinée, persévérante, la fourmi ne se laisse pas distraire, ne dévie jamais de son axe. Elle poursuit son chemin. Mais à la différence des fourmis, nous avons appris que le but c'est le chemin, comme aurait écrit le père Goethe, à moins que ce ne soit Ella Maillart, Sylvain Tesson ou un quelconque moine bouddhiste : un lieu commun. Tiens, voilà : notre traversée, c'est un lieu commun, accessible à tous les comptables, à toutes les fourmis de la terre pourvu qu'ils prennent le temps, qu'ils se donnent la peine et cessent de piétiner en rond.

Ou non... La traversée, c'est plutôt un truc de maquignon. Le genre de bonhomme qui chicane sans fin, discute chaque bout de gras tout en observant la bête, qui mégote chaque mètre de dénivelée ; un truc de pingre, de flemmard qui, devant chaque obstacle, invente le parcours le plus économe, le moins fatigant, qui soupèse, marchande, chaque décimètre vertical.

Une journée idéale en montagne commence ainsi obligatoirement par du plat. C'est fou comme on savoure chaque replat en montagne et comment on court après la moindre taupinière en plaine ! Après ce premier échauffement, la pente peut s'inviter, puis augmenter pour souffler un instant, le temps pour nous d'« enlever une couche ».

Les choses sérieuses commencent alors vraiment, avec la *grande* montée, raide, efficace, à l'ombre de préférence. Les premiers rayons de soleil sont en effet planifiés pour l'arrivée au sommet ou au col, juste à temps pour la première véritable halte de la journée : rien à faire alors sinon grignoter quelques fruits secs et s'inspirer du panorama en tentant de deviner le chemin à venir, de nommer tel ou tel sommet. Prévoir ensuite une longue descente en pente douce, baignée par le soleil. Nous en profiterons pour botaniser et qui sait faire des rencontres avec d'autres marcheurs et bergers. Déjà 16 heures ? Il est temps de rallier calmement notre refuge. Montée à l'ombre et descente au soleil sont les bases du vagabondage alpestre en été. Cette exigence nous a imposé le sens de notre traversée : de Neuschwanstein à Bergame. En hiver ou au printemps nous aurions fait le choix inverse pour monter à ski sans faire de trace et descendre dans une neige de qualité.

L'exception confirme la règle : nous commençons notre journée par une longue descente sur un chemin empierré menant à Davos. Malgré la bonne nouvelle d'hier, ou plutôt l'absence de nouvelles, je suis d'humeur paresseuse et maussade, nullement incliné à célébrer la beauté de cette voie ancienne. À quoi bon descendre puisqu'il faudra remonter ? Afin d'éviter une trop grande perte de dénivelée, nous coupons, à travers pierriers et champs d'oseille géante en suivant l'isomètre sur l'alti. Nous rejoignons ainsi un autre passage qui monte vers le col de S'Chaletta à un peu plus de 2 600 mètres. Comme prévu, nous nous arrêtons aux premiers rayons de soleil, près d'un poteau chargé de panneaux indicateurs. L'un d'eux retient notre attention : 43 – Via Son Giachen. Une coquille Saint-Jacques stylisée y est dessinée. Nous parcourons ainsi un des innombrables rameaux de ce réseau européen qui mène à Saint-Jacques-de-Compostelle, ou plutôt une ramille qui part de Merano, dans le Tyrol méridional pour rejoindre l'évêché de Coire, Berne, Genève, Le Puy, Conques...

Nous remontons donc notre chemin de Saint-Jacques à contresens. Aucun risque de collision, la montagne est déserte. Une seule rencontre, en ce début de matinée, au pied d'une falaise : un monumental bloc de rocher en bordure du chemin, posé sur un parterre de campanules. Les villageois ont peint l'inévitable cocarde suisse sur son flanc, en précisant la date de la chute de la « bête » : 1998.

« Toujours pas de nouvelles de Mischa ? me demande alors Eva.

— Toujours pas... Mais Simon m'a dit hier que tout était OK.

— C'est tout de même anormal qu'il ne donne pas le moindre signe de vie. »

Inconsciemment, Eva rouvre une blessure qui commençait à peine à cicatriser. Je lui réponds durement :

« Arrête de psychoter ! Tu sais bien que le téléphone satellite ne passe pas bien en Iakoutie...

— Oui, mais... »

Je l'interromps :

« Et puis, il a d'autres choses à faire que nous appeler ! S'il était arrivé quelque chose, Slava nous aurait assurément déjà contactés.

— Slava ?

— Tu sais bien, mon partenaire iakoute.

— Ah oui… Tu as peut-être raison, mais tu pourrais être plus aimable ! »

Fin de la discussion ! Je me sens coupable de rabrouer ainsi ma compagne. Mais qu'y puis-je ? À peine convalescent, en permission de sortie, je suis simplement incapable de parler de Mischa. La douleur est trop vive.

Notre solitude est finalement interrompue, un bref instant, par une jeune femme en tenue de *trail*, venue de la vallée. Elle nous dépasse en nous saluant, sans un mot, d'un signe de tête, puis rejoint le col pour se diriger vers un petit glacier sans nom au pied du Scalettahorn. Bientôt, nous ne voyons que sa queue-de-cheval et ses fesses qui rebondissent à chaque foulée. Je fais mine, d'accélérer pour la rejoindre, sous le regard à peine amusé d'Eva. Au col, une brise légère mais glacée descend des hauteurs. Nous écourtons notre halte, entamant une interminable descente de 20 kilomètres. Malgré mon appréhension, celle-ci n'est pas fastidieuse car rythmée par une succession de plans et de soudaines accélérations. Un troupeau de juments accompagnées de leurs poulains occupe le premier plan : l'Alp Funtauna, à l'intersection de plusieurs vallons. Alors que nous nous en approchons, un groupe de randonneurs s'éloigne vers le fond du val. Seules nos ombres se mêlent sur le flanc de la montagne. Le deuxième plan, moins pastoral, est tout aussi intéressant. Au pied d'un pierrier, nos premiers arbres de la journée ont un aspect inhabituel : des mélèzes à la frondaison légère, aux verts tendres, presque argentés, se mêlent à d'autres résineux plus foncés, aux formes régulières et ovales.

« Léo, tu as vu, on dirait des cembros.

— On dirait... »

Nous nous en approchons, détachons quelques aiguilles, groupées par cinq, d'une branche : nos premiers cembros de la traversée ! Ces arbres sont les témoins vivants d'un climat plus doux, plus ensoleillé que les régions d'où nous venons. Cette frontière naturelle franchie, nous devenons un peu plus méridionaux, un peu plus latins. D'ailleurs, les premiers randonneurs que nous rencontrons échangent avec nous des *Allegria* (« Bonjour » en romanche) et même des *Buongiorno*, plutôt que des *Grüssgott*. Le troisième plan est le bon : le torrent s'élargit, s'égare dans les ombellifères au milieu d'une forêt de mélèzes. Nous nous arrêtons auprès d'un coin de feu. Nos provisions sont vite englouties. Eva se couche dans l'herbe pour lire à l'ombre. Je rafraîchis mes pieds dans l'eau glacée. À mon tour, je m'étends et tente vainement d'apprendre une nouvelle poésie. J'ai abandonné tout espoir avec Hölderlin et me rabats donc une nouvelle fois sur Verlaine, avec son poème *Cythère* :

« Un pavillon à claires-voies
Abrite doucement nos joies
Qu'éventent des rosiers amis... »

Sur le coup, je trouve Verlaine trop inégal, tantôt génial, tantôt maniéré. Je m'en veux de ne pas avoir pris mon Nerval, ou même *Les Fleurs du mal* de Baudelaire. À tout prendre, je préfère sa « Belle île aux myrtes verts, pleine de fleurs écloses »...

Je pique bientôt du nez quelque part entre l'« odeur des roses » et « sorbets et confitures », rêvasse, profitant pleinement de ma « permission de sortie ». Oublier cette angoisse, oublier ce monde qui part à vau-l'eau. Ce monde arabe qui n'en finit pas de s'autodétruire... Bien sûr qu'il fallait fermer l'Égypte, quelles que soient les conséquences économiques pour la boîte. Bah, on verra ça à mon retour. Seul l'instant présent a de l'importance, même s'il nous échappe toujours. Je me réveille, agacé par une mouche qui insiste pour se poser sur mon crâne, me rendors pour chasser bientôt une fourmi qui crapahute entre les poils de mon mollet, suivie d'une autre moins chanceuse car proprement anéantie. *Damn it !*, je me suis couché à proximité d'un nid de fourmis !

Je m'écarte, m'allonge de nouveau, ouvre grand les yeux pour assister au spectacle de la création des nuages. La vapeur d'eau encore invisible dépasse un seuil magique et, abracadabra, apparaît. Elle s'agite, se tord puis bientôt s'affole, se convulse, essaie de toucher le sommet du ciel comme la flèche d'une cathédrale, puis, exténuée, retombe vers sa base, reprend alors des forces pour s'élancer avec une nouvelle vigueur. Le nuage croît sans cesse, abracadabra, sa tête explose en mille filaments, ses flancs exposés au soleil se parent d'un blanc absolument pur alors que sa base se grise, s'assombrit pour éclater en averses sur le flanc de la montagne. Il est temps de partir.

Après avoir dépassé quelques hameaux, nous rejoignons la vallée de la Haute-Engadine à Chapella : un vaste hospice surmonté d'un clocher, datant du XIIe ou du XIIIe siècle, halte indispensable pour les jacquets avant de se frotter aux rigueurs de la haute montagne.

Nous quittons cette courte portion du Saint-Jacques sans regret. À quoi bon suivre un sentier inventorié, cartographié, un chemin domestiqué reproductible à l'infini ? N'est-il pas préférable d'inventer son propre *camino* : Neuschwanstein/Bergame ?

Neuschwanstein : nos premières vacances, à peine mariés ; une époque où je soignais mon chagrin de ne pas pouvoir devenir pilote de chasse en volant en Deltaplane. Eva et moi étions montés au sommet du Tegelberg qui domine de quelque 1 000 mètres le château de Louis II. J'avais assemblé mon aile sans me presser car le vent venait légèrement de l'arrière. Après une heure d'attente, les pennants continuaient à pendouiller lamentablement. Pas un deltiste n'avait décollé. Déjà les pilotes allemands repliaient en soupirant leurs ailes, remettant au lendemain leurs projets de vol de distance. Rompu aux décollages les plus chaotiques des Alpes du Sud, je refusais de m'avouer battu. J'avançai donc mon aile jusqu'à la plateforme du tremplin, me mousquetonnai puis, après une dernière *check-list*, demandai aux Allemands de dégager l'aire de décollage.

« *Bist du sicher ?* – En es-tu sûr ? »

Pas le temps de leur répondre, le vent arrière s'était calmé quelques secondes. Enfin, il m'avait semblé. Je m'élançai en donnant une franche accélération. Trop franche ? Je ne parvins bientôt plus à contrôler mon aile qui m'entraîna à la gauche du tremplin ! En une fraction de seconde, je me retrouvai pendu aux branches d'un pin à quelques mètres de la falaise, sans aucune égratignure, hormis un amour-propre sérieusement écorché.

Bergame ? Une tout autre histoire. Je la raconterai peut-être un jour. Nous y avons vécu des années denses, nos premières années de jeunes parents. C'est à Bergame que Willi et Mischa ont appris à marcher, à parler un sabir mêlé d'italien, d'allemand, de français.

Neuschwanstein/Bergame, un retour aux sources, deux ou trois décennies plus tard, qui vaut bien un Le Puy/Saint-Jacques, une traversée de l'Oural de la Bachkirie au pays des Nénètses, un chapelet d'Aléoutiennes ou même les monts Torngat au Labrador, etc. J'ai tant d'itinéraires en tête, de rêves, de dieux à honorer, de poètes à découvrir, de philosophes à comprendre que mille vies n'y suffiraient pas ! Si les hommes savaient la richesse et le bonheur de cheminer librement, ils seraient tous sur les sentiers plutôt qu'à emprunter des autoroutes ou, bien pire, à tourner en rond piégés par les sirènes de la consommation. Cette image d'un monde en marche me distrait alors que nous traversons, sur une étroite passerelle, l'Inn gonflée par les orages en amont.

« Léo, sais-tu que Nietzsche a écrit son *Zarathoustra* à quelques kilomètres d'ici.

— Ah bon, où ça ?

— À Sils, juste au-dessus de Saint-Moritz.

— Nietzsche, l'inspirateur des nazis !

— Toujours ton obsession... Tu ne peux quand même pas ramener toute l'histoire du monde à la Seconde Guerre mondiale !

— Ben, le surhomme de Nietzsche ressemblait quand même pas mal aux héros nazis, non ?

— N'importe quoi. Nietzsche glorifiait surtout Goethe et Shakespeare.

— Napoléon aussi... Ma chère Colette ! »

Nous faisons ainsi semblant de nous disputer en traversant cette vallée de la Haute-Engadine qui enchanta le philosophe marcheur :

« Je suis, dit Zarathoustra, l'homme qui voyage,
qui gravit des montagnes ; je n'aime pas les plaines... »

Adolescent, les cours de philo, que nous dispensait un très médiocre professeur à nœud papillon, m'ennuyaient à mourir. Sans rien y connaître, je reprochais aux philosophes antiques leur pensée embryonnaire, aux modernes leur pédant charabia, regrettant Rousseau et Montesquieu que l'on ne nous enseignait plus. Seul Nietzsche trouvait grâce à mes yeux. Même si j'étais loin de le comprendre, je louais la qualité de son écriture, son impertinence, son originalité. Et puis louer le sulfureux philosophe, c'était envoyer promener ces bouffons de trotskistes, fumeurs de *shit* à la barbe naissante, alors que je commençais à peine à me raser la moustache. Nietzsche, c'était le choix de la solitude et du courage. Il lui en avait fallu pour assassiner Dieu dans l'Allemagne de Bismarck ! Devenu adulte, j'ai gardé de l'extravagant moustachu quelques idées simples, probablement simplistes, qui me guident encore aujourd'hui.

En rupture avec les religions, j'avais alors été très impressionné par sa théorie de « l'éternel retour », inventée justement dans ces montagnes de Haute-Engadine. Nietzsche propose que la vie se reproduise à l'identique, éternellement. Cette idée d'un mouvement perpétuel semble, *a priori*, absurde. Elle ne l'est pourtant guère plus que l'idée de réincarnation en des êtres distincts – veau, vache, cochon –, ou bien même d'une vie éternelle en compagnie des apôtres ou mieux de soixante-dix ou soixante-douze vierges aux grands yeux. Qu'importent ces balivernes ! Seule compte la morale de l'histoire : si notre vie se répète à l'infini, alors, plutôt que de pleurer les inévitables chagrins de celle-ci et de chercher à éviter les épreuves en se satisfaisant d'un bonheur commode, d'un bonheur d'esclave, la seule attitude possible consiste à vivre pleinement le présent, de face, sans regrets, dangereusement.

« Le secret pour récolter la plus grande fécondité, la plus grande jouissance de l'existence, consiste à vivre dangereusement », affirme Nietzsche dans *Le Gai Savoir*. Une philosophie rudimentaire, construite à coups de hache et de marteau, que j'ai sans doute transmise, inconsciemment, à Willi et à Mischa, au point que ce dernier a placardé l'aphorisme de Gaston Rebuffat dans sa chambre : « Accepter le risque de mort, c'est accepter la vie, et aimer le danger, c'est aimer la vie. »

La mort… Encore la mort ! Toujours la mort !

DOLCE & GABBANA
5 août 2013

UNE NOUVELLE FOIS, un refuge privé met à mal notre bourse : record mondial battu avec une bouteille d'eau minérale à 11 francs suisses. Ah les canailles, les aigrefins, les vampires, uniquement occupés à plumer les innocents touristes et randonneurs avant de leur sucer méthodiquement la moelle et le sang ! Bien sûr, l'économie montagnarde est fragile dans ces bouts du monde. Bien sûr, la terre est âpre, la saison est courte et le touriste rare. Mais non ! Ces tauliers, au sourire de façade, sont des médiocres. Faute d'imagination et de générosité, ils en sont réduits à abuser de leur monopole. Vite, fuyons ces petits hommes ternes, comme le sage Zarathoustra, pour nous réfugier dans les hauteurs. Là, aux premières lumières, nos silhouettes s'allongent à l'infini et se mêlent aux ombres des mélèzes, des cembros et des pins à crochets.

La forêt est consolatrice. Au petit matin, ses odeurs de mousse, de résine, de terre mouillée engraissée par le bois en décomposition, soignent bientôt notre dépit, comme un remède magique. L'ombre de la montagne nous rattrape lorsque nous atteignons les confins de l'épaisse forêt. Une fumée s'élève du grand vallon de Chauschana, immobile, figée par le froid : une vaste ferme d'alpage, composée de plusieurs bâtiments – une étable, une *Käserei* (fromagerie), un atelier, une maison d'habitation. Une porte s'ouvre. Une belle femme aux cheveux très noirs, tirés en arrière, balaie son entrée, sans nous voir, trop occupée par sa tâche ménagère. Nous la saluons d'un sobre *Guten Morgen* auquel elle répond sans lever les yeux. Son accent me semble familier, en tout cas plus compréhensible que le *schwyzerdütsch* (le suisse allemand) des derniers jours. Eva essaie d'engager la conversation en abordant des sujets aussi banals que la neige tardive, la date de l'estive. J'en profite pour observer notre interlocutrice à distance. Appuyée contre un montant du chambranle, elle semble être sur ses gardes. Son front bombé et son menton levé lui donnent un air de Romy Schneider, de Sissi impératrice, égarée dans ces pâturages. Ses yeux bleus, étonnamment mobiles, vont et viennent d'Eva à moi. Eva insiste malgré tout :

« Nous traversons les Alpes à pied. Nous aimons parler avec les gens qui y vivent et y travaillent : bergers, forestiers, gardiens de refuge... »

La femme semble s'abriter derrière son balai. Eva fait semblant de ne pas s'en apercevoir et poursuit :

« Nous sommes partis de Bavière et nous rejoignons Bergame. »

Peu à peu, regard après regard, parole après parole, Eva amadoue la belle qui comprend que nous ne demandons rien d'autre que de faire connaissance, que nous sommes de simples personnes, des amoureux de la montagne. Enfin, elle nous dit :

« Je n'ai rien à vendre ici mais, si vous voulez, vous pouvez visiter la fromagerie.

— Avec plaisir. »

Nous faisons le geste d'enlever nos chaussures avant d'entrer. Elle nous arrête :

« Non, non... Vous allez vous mouiller les pieds, je repasserai un coup après. »

Nous essuyons alors très méticuleusement nos semelles sur le paillasson avant de pénétrer dans le couloir. Sur la gauche, une grande cuisine aux faïences blanches, impeccable de propreté, équipée d'une grande cuisinière, est meublée dans le style des années 1960. Un ruban adhésif tue-mouches est suspendu au-dessus de la table. Maria, puisque c'est son nom, nous invite à pénétrer dans le laboratoire de la *Käserei*, enveloppé de vapeur d'eau. Un vaste chaudron de cuivre, encore tiède, occupe le centre de la pièce. Maria nous explique la fonction de chaque ustensile. Ce grand lavabo est une cuve pour la saumure ; ces cercles en aluminium, des moules ; ces grands linges mis à sécher, des filtres pour récupérer le caillé. Nous pénétrons dans une autre pièce sombre et fraîche : la salle d'affinage. Plusieurs centaines de meules de *Bündlerkäse* à la croûte jaune orangé, d'une dizaine de kilos chacune, sont entreposées sur douze étagères des deux côtés de la pièce. Les alpagistes ont inscrit sur chacune d'elles, la date de production : pas moins de dix fromages quotidiennement ! On se croirait dans une banque centrale emplie de lingots d'or. Eva continue son investigation.

« Combien de litres produisez-vous chaque jour ?

— De lait ou de fromage ?

— De lait.

— Mille litres. »

Je pousse un sifflement d'admiration. Maria poursuit :

« Nous sommes quatre à travailler pour quatre-vingts vaches. Nous produisons environ une dizaine de fromages par jour.

— Quelle est la durée de maturation ?

— Quarante-cinq jours au minimum, mais goûtez celui-ci de l'année dernière. »

Il est effectivement fameux avec un petit goût d'herbe, sans doute d'achillée millefeuille.

« Le troupeau vous appartient ?

— Non, j'aimerais bien, nous dit-elle en riant. Nous ne sommes que les fermiers du propriétaire suisse.

— Vous n'êtes donc pas suisse ?

— Non nous venons de Merano, dans le Tyrol italien. Cela fait vingt ans que nous travaillons ici chaque été, de juin à octobre.

— Cela vous plaît ?

— Oui, sinon nous ne serions pas restés si longtemps !

— Et l'hiver que faites-vous ?

— Mon mari est instituteur et moi je travaille dans un hôpital comme aide-soignante. »

Maria est épanouie. Elle partage avec nous, par son sourire, son bonheur simple et honnête. Nous voilà à des années-lumière des petits hommes gris, 800 mètres plus bas, qui comptent et recomptent leurs biffetons en aiguisant leurs coutelas pour leurs prochaines victimes. Eva et moi resterions des heures à parler avec elle, de ses enfants montés avec leur père s'occuper des génisses plus haut vers le col, des différences entre la Haute-Engadine et le Haut-Adige. Mais notre nouvelle amie a encore bien du travail et nous des kilomètres à parcourir avant de rejoindre le but de notre étape. Repartant vers le col Chauschana, Cassana en italien, nous sommes accueillis par un concert de clarines. Nous traversons une partie du troupeau de brunes des Alpes, écartant les plus indolentes du bout de nos bâtons. Certaines cloches en bronze, ornées du drapeau suisse, sonnent comme des *drilbu* tibétains et donnent aux vaches un air monastique presque noble. Une tout autre musique nous accueille quand nous attaquons les pentes raides du col : un chœur de marmottes, dressées sur leurs pattes arrière, se prévenant de l'arrivée de visiteurs incongrus qui interrompent leur cueillette matinale.

À l'arrivée au col, nous découvrons un tout nouveau paysage. Brillant dans le soleil, le massif glaciaire du Stelvio. Nous essayons de distinguer au loin la pyramide du Gran Zebru, la calotte du Cevedale où nous avions tenté avec Willi et Mischa, alors âgés de 8 et 6 ans, leur premier 3 500 mètres. Un peu plus au sud, une autre tache blanche : les massifs de la Presanella et de l'Adamello.

Cet horizon correspond à l'ancienne frontière entre l'Empire austro-hongrois et l'Italie. Sur ces hauteurs à plus de 3 000 mètres, *Alpini*, *Standschütze* (tireurs territoriaux) et *Kaiserjäger* (chasseurs alpins austro-hongrois) se sont enterrés ou plutôt cramponnés pour se combattre, creusant vires, tunnels, casernes et forteresses dans la roche et la glace. Les Autrichiens n'hésitèrent pas à monter un canon à 3 905 mètres, au sommet de l'Ortles, pour bombarder les positions italiennes 500 mètres plus bas. Une guerre stupide entre cousins du même sang, de la même religion. Les Tyroliens n'appelaient-ils pas leurs ennemis *die Nachbarn*, « les voisins », car leurs véritables adversaires étaient communs : le froid, le vent et les avalanches.

Enfin, nous passons la borne frontière. *Ecco, qui siamo in Italia !* – « Voilà, nous sommes en Italie ! » Nous sommes heureux avec un vague sentiment de rentrer *a casa* après cette Suisse orientale, certes splendide, mais sans âme, surmonétisée. Sur une trace convergente, une jeune femme, les jambes nues et bronzées, équipée d'un sac à dos léger, descend comme nous vers le refuge en slalomant entre les bouquets de gentianes pour ne pas les écraser. Un fichu rouge retient ses cheveux noirs, épais ; on dirait la sœur de Maria. Nous arrivons ensemble sur le terre-plein du refuge du CAI, le Club alpin italien, envahi de petits pavots jaunes, safrans et écarlates, échappés sans doute d'une des jardinières ornant l'esplanade. La marcheuse nous fait signe :

« *Buongiorno*. D'où venez-vous ?

— *Buongiorno*, nous venons aujourd'hui de S-Chanf, mais nous sommes partis d'Allemagne.

— D'Allemagne ?... »

Quelle joie de parler l'italien, la langue de notre cœur, apprise lors de notre long séjour dans la province de Bergame. Il me suffit d'entendre cette musique, de la jouer, pour me réconcilier avec les hommes : une langue d'artiste, de dialogue, de partage, d'amour. Jamais, je n'ai pu prendre au sérieux un Italien en colère car je ne vois en lui qu'un enfant, qu'un amoureux. Même Mussolini, lorsqu'il bombe le torse sur le balcon de la Piazza Venezia, le 10 juin 1940, en haussant la voix à l'occasion de son discours de déclaration de guerre, me fait sourire : « Nous voulons briser les chaînes d'origine territoriale qui nous étouffent dans notre mer... »

Rien à voir avec le père Adolf, avec sa déclaration de guerre du 1er septembre 1939 : « J'attends des femmes allemandes qu'elles intègrent cette communauté de combat dans une discipline de fer. »

L'italien, la langue de la Commedia dell'arte, des opéras de Verdi, de Puccini : *Oh mio babbino caro...* Nous sommes bien, installés sur un banc, en terrasse, dégustant une soupe chaude. Eva profite de mes bonnes dispositions pour tenter à nouveau :

« Toujours pas de nouvelles de Mischa ?

— Toujours pas... »

Ma réponse est neutre, calme. J'essaie de me rattraper. Elle en profite, s'engouffre dans la brèche.

« Quand même, ce n'est pas normal. Depuis quand ?
— Je ne sais pas, une dizaine de jours.
— Où doit-il être en ce moment ?
— En train de pagayer sur la Moma, je suppose.
— Et quand doit-il arriver à Khonoo ?
— D'ici deux ou trois jours au plus.
— Donc là, il devrait appeler.
— Il devrait, on verra bien. Arrête de t'inquiéter sans cesse... Il a sans doute une panne de téléphone. »

Oui, c'est cela, une panne de téléphone satellite : voilà la seule explication rationnelle à ce silence prolongé. D'ailleurs, si un accident s'était produit, nous l'aurions su maintenant ; Slava nous aurait prévenus. Si Mischa suit son programme, il devrait arriver à la cabane des gardes du parc Momsky aujourd'hui ou demain. Il devrait donc rejoindre Khonoo au plus tard dans deux jours. Il pourra alors nous appeler d'un téléphone fixe. Patience ! Inutile de s'inquiéter outre mesure. L'attente est assez pénible comme cela. Nous profitons donc de la vue, et du soleil qui inonde maintenant la terrasse du refuge.

Malgré notre humeur paresseuse et jouissive, nous reprenons notre chemin afin d'atteindre, avant les grandes chaleurs de l'après-midi, notre objectif : Livigno. Cette vallée d'altitude, enclavée en Suisse à plus de 1800 mètres, bénéficie de multiples avantages fiscaux depuis le XVIe siècle afin de favoriser son économie. Nous descendons une large piste, raide, marquée par la morsure des pneus des vélos tout-terrain. Effectivement, après un ou deux lacets, nous croisons nos premiers cyclistes.

Certains se déhanchent en danseuse ; d'autres montent à l'économie sur leur plus grand plateau arrière à la vitesse d'un randonneur ; les moins affûtés, enfin, poussent leurs bécanes en soufflant, avec un air désolé. Nous échangeons des *Buongiorno* et encourageons ces forçats de la route : *Forza !* Un fois que nous sommes parvenus au fond de la vallée, les rencontres s'accélèrent ; impossible de les saluer tous ! D'ailleurs, c'est bientôt un défilé incessant de cyclistes se dirigeant vers le fond du val Federia. La procession tourne à la kermesse. Bien trop de monde ! Nous prenons un sentier de traverse, tortueux, inaccessible aux deux-roues, qui nous mène à une série de hameaux très joliment rénovés et fleuris. La vallée se rétrécissant, nous devons hélas rejoindre la voie principale qui longe le torrent. Au bord de l'eau vive, des familles ont étalé des nappes sur l'herbe pour pique-niquer à l'ombre des mélèzes. Les bières prennent le frais dans le courant. Le chemin s'élargit encore, s'aplanit ; les chaussures de randonnée disparaissent au profit des chaussures de ville, les sacs à dos au profit des glacières et des paniers à provisions. Sur une aire gravillonnée, des amis jouent aux boules. Leurs femmes se font bronzer dans la prairie, face au soleil, en enlevant leurs bretelles de soutien-gorge pour ne pas faire de marques. Elles écoutent de la musique qui se mêle au fracas du torrent. Le vaste parking déborde de voitures qui se garent dans la plus grande anarchie, empiétant sur les prés. Pas de doute, nous sommes en Italie ! Nous nous amusons à identifier les plaques : quelques GR (Grisons) de la Suisse voisine, des SO (Sondrio) locaux, mais surtout des Milanais, les plus bruyants et démonstratifs.

Lorsque nous quittons l'ombrage de la forêt, la chaleur sur ce bout d'asphalte devient vite intolérable, malgré nos ombrelles. Nous allongeons le pas autant pour nous éloigner de ce charivari que pour sentir un peu d'air glisser sur notre visage. Les premiers chalets du village, en mélèze noirci par le soleil et rénovés à grands frais, sont fleuris de pétunias, d'œillets d'Inde et de géraniums. Nous profitons de la présence d'un marchand ambulant pour acheter plusieurs kilos de fruits : raisins, abricots et pêches. Sans attendre, à l'ombre d'une grange, nous nous gavons de vitamines après deux semaines de rations de refuge. C'est donc le ventre lourd que nous traversons le centre du village sillonné par les cyclistes et les grosses bagnoles voyantes. La rue principale est occupée par des magasins de marque : Dolce & Gabbana, Gucci, Dior, Oakley, Ray Ban, Moncler, etc. Nous devons parcourir plusieurs centaines de mètres avant de trouver une épicerie pour acheter les provisions du lendemain.

Plus tard, à l'heure de la *passeggiata*, la distraction nationale, nous nous installons à la table d'un café, nous divertissant du spectacle d'une autre humanité, attirée par les néons et les paillettes de ce Saint-Tropez des mélèzes. Nous retrouvons là nos personnages de téléréalité à la barbe de trois jours, aux cheveux dressés par le gel, roulant biscotos et pectoraux, soigneusement mis en valeur par leurs marcels et leurs tatouages. Les filles habillées de shorts échancrés bavardent avec leur téléphone portable plutôt qu'avec leurs voisines. Leurs aînées ne sont pas en reste. Si les femmes de plus de 40 ans ne sont ni tatouées, ni percées, elles tentent follement, malgré leurs chairs molles, les peaux ridées par trop de soleil et les taches de vieillesse, de revivre le mythe de Marilyn Monroe à coups d'injections, de liftings qui ouvrent leurs bouches jusqu'aux oreilles. Leurs hommes aux vestes matelassées, aux chaussures en daim, tiennent en laisse les pékinois ou les chihuahuas de ces dames. Ils me paraissent, dès lors, presque touchants avec leurs regards fatigués ou désabusés.

Cette Italie de la fripe, du fric et de la frime, cette Italie blonde platinée, n'est pas notre Italie : celle de Maria, de la jolie marcheuse du col Cassana, de nos amis bergamasques, de Verdi et de Puccini. Cette Italie qui défile, qui porte des lunettes de soleil siglées malgré le soleil tombé, qui fait la roue dans ses habits de marque, c'est celle d'un Berlusconi décati et décadent. Une Italie corrompue, de macs et de pouffiasses. Détestation totale… Vite fuyons !

FAUSSE ALERTE
6 août 2013

LES CHAUSSURES à la main, nous nous échappons, presque par effraction, de notre chambre d'hôtel exiguë qui donne sur le parking et le local à poubelles. Nous déjeunons seuls, en chuchotant, dans la grande salle de restaurant, d'un peu de pain sec d'hier soir, du thermos d'eau chaude que nous a laissé la patronne et de quelques fruits. Puis, après avoir enfilé nos sacs à dos, vérifié que nous n'avons rien oublié, nous nous éclipsons, en laissant, comme convenu, les clés sur le comptoir de la réception.

Livigno dort encore. Seuls les éboueurs et la fourgonnette du boulanger circulent dans la bourgade. Une brume légère, bleutée, au parfum de feu de bois, flotte dans la vallée. La journée commence par une remontée de la départementale vers le col frontière de la Forcola. Après une dizaine de minutes, nous bifurquons vers un sentier forestier aux airs de plat népalais. Courtes montées et descentes se succèdent à travers le mélézin trempé de rosée. Mais, cette mise en jambes athlétique est préférable au faux plat bordant la route rectiligne et ses chalets tyroliens un peu trop pimpants.

Les dix premiers kilomètres sont franchis à grandes enjambées afin de rejoindre au plus vite le premier croisement de vallée où nous entrevoyons la haute montagne. Quelques ouvriers travaillent, malgré l'heure matinale, à la construction d'un barrage ou d'un aqueduc, maniant la disqueuse et l'arc à souder. J'aimerais m'arrêter pour parler avec eux et m'informer sur cet ouvrage insolite qui enjambe le torrent au milieu des alpages. Mais, alertés par une prévision météo un peu menaçante, nous préférons garder notre rythme et nous engager dans le val Nera, sauvage, fleuri de toutes parts. L'ombre du Piz Paradisin nous domine avec ses lambeaux de glaciers, ses éboulis presque verticaux. Les fourrés de rhodos, de vernes, les hautes herbes, rétrécissent le sentier qui surplombe une gorge et, parfois, l'enfouissent entièrement. Il nous faut alors casser des branches pour nous frayer un passage et même nous glisser dans une coulée de sanglier en passant à quatre pattes. Après une heure de crapahut, nous prenons un autre embranchement qui monte vers l'ouest : le val di Campo. La navigation y est facile. Il suffit de suivre le torrent et de grimper au jugé car la trace s'y fait plus tenue encore. Elle se perd finalement entre les rochers et les touffes de grandes gentianes. Un troupeau de vaches alpinistes s'étale sur toutes les hauteurs du vallon, y compris sur des vires apparemment inaccessibles. Nous rattrapons un cycliste qui, malgré l'absence de sentier et les pierriers, s'acharne à pousser son vélo devant lui. Épuisé, vaincu par la nature, il abandonne sa bécane contre un bloc et poursuit son chemin en chaussures de cycliste.

« Vous avez une carte ? nous demande-t-il.

— Bien sûr. Où voulez-vous aller ?

— Au Piz Paradisin.

— Vous êtes sûr ? Il n'y a pas de sentier d'accès, c'est du terrain de haute montagne. »

Je fixe, un instant, ses chaussures en espérant qu'il comprenne, sans trop insister, que son entreprise solitaire n'est guère raisonnable. Tout compte fait, l'homme décide de se joindre à nous jusqu'au col. Nous ouvrons alors la voie à la boussole et à l'altimètre pour atteindre une dernière petite vallée d'altitude : La Valletta. Voilà cinq heures que nous progressons à l'ombre dans une atmosphère fraîche. Plus haut, sur le plat menant au col, le soleil a gagné la partie. Lorsque nous l'atteignons, impatients de nous réchauffer, nous sommes cueillis par un vent assez fort qui nous refroidit et nous contraint à enfiler une couche de plus. La montagne se protège des intrus ! Nous respirons néanmoins avec plaisir cet air vif, pleinement conscients de notre bien-être : jouir de l'instant présent ! Deux lacs, vert foncé, cernés par les pierriers et les langues de neige dure, occupent le fond du vallon. Les risées levées par le vent animent leur surface, et renforcent la sévérité du paysage. Un à un, nous tentons de décrypter les indices de la nature. Ce vent du sud est bien plus fort qu'une simple brise : l'annonce d'un front froid ? Mais aucun nuage élevé ne vient confirmer cette hypothèse. En revanche, alors qu'il n'est pas encore midi, les cumulus, en pleine maturation, prennent déjà des formes verticales : le signe d'une cellule orageuse ? Nous ne nous inquiétons pas outre mesure car nous devrions avoir atteint le refuge bien avant l'arrivée d'un hypothétique orage. Notre cycliste, sans autre protection qu'un léger coupe-vent, sans provisions, frissonne et décide de rebrousser chemin.

Malgré un cahier des charges sévère, nous trouvons, après plusieurs essais infructueux, l'emplacement de la halte et sieste si affinités avec vue imprenable sur la Corn da Camp. Ce petit Cervin, malgré son altitude modeste, rivalise avec la silhouette plus massive du Paradisin, au second plan. Si j'aime les grandes traversées, le nomadisme dans les territoires méconnus, l'ascension de sommets où l'on se prend à défier les éléments, j'aime tout autant les escales, les haltes et les siestes paresseuses ; ces moments privilégiés où l'espace-temps semble enfin se poser, où l'on peut de nouveau se parler. Alors, rien n'importe plus que de trouver l'emplacement idoine : au soleil, mais jamais trop loin de l'ombre ; à l'abri du vent mais avec une belle vue et si possible avec une pierre plate pour y déposer les victuailles. J'aime ainsi la routine méridienne ou vespérale qui consiste à choisir et à préparer le terrain où l'on va s'asseoir, s'allonger, planter la tente. Lorsque le terrain est uniforme, le moindre caillou, la moindre bosse me deviennent intolérables. Je n'ai de cesse de niveler parfaitement la plateforme quitte à y passer des heures. Mais, il m'est arrivé de dormir plié en quatre dans un pierrier en pente, tout en me félicitant de la justesse de mon choix : l'homme est un bien étrange mammifère !

Nous déballons nos provisions. Eva me regarde droit dans les yeux :

« Léo, qu'est-ce qui t'arrive ?

— Rien, tout va bien. Pourquoi ?

— Arrête de me raconter des histoires, je vois que tu n'es pas bien depuis plusieurs jours déjà.

— Je t'assure... »

Elle me coupe : « C'est au sujet de Mischa ? »

J'hésite avant de répondre. Mais à quoi bon nier : Eva est une extralucide que je ne saurai tromper.

« Je suis comme toi, j'aimerais avoir de ses nouvelles.

— Oui, mais ce n'est pas la première fois... »

Mischa nous a habitués, hélas, à ce type d'alarmes. Plusieurs fois, nous sommes passés du jaune à l'orange et parfois même au rouge. La dernière alerte rouge remonte à l'été précédent. Il était alors parti avec Nono, son ami d'enfance, pour un raid d'endurance : la traversée du massif de Belledonne, de la Maurienne à l'Oisans, par les arêtes – un projet d'alpinisme à l'ancienne, loin de toute infrastructure, alternant marche d'endurance et série d'escalades délicates sur un rocher instable souvent pourri. Pour corser le tout, les deux amis avaient décidé de partir en autonomie en évitant autant que possible les rares refuges de ce massif demeuré sauvage. Ils avaient donc chargé leurs sacs d'un équipement complet : casque, baudrier, corde, coinceurs, pitons... auquel s'ajoutaient leur matériel de bivouac et des provisions suffisantes pour tenir cinq à six jours, soit une charge de plus de 20 kilos chacun : un sérieux handicap pour les séquences de grimpe ! Nous leur avions fait promettre de nous appeler vers le milieu de leur raid. Le soir du troisième jour, sans aucune nouvelle, Eva et moi commençâmes à nous inquiéter. Plusieurs fois nous essayâmes de les appeler, sans résultat : le téléphone était soit éteint, soit hors de portée. Alors que nous allions nous coucher, les parents de Nono nous appelèrent depuis leur lieu de vacances pour prendre des nouvelles, ce qui, bien sûr, ajouta à notre appréhension. N'ayant pas précisé d'heure limite, nous essayâmes cependant de nous rassurer. La météo de la nuit était plutôt bonne avec un possible risque d'aggravation orageuse pour le lendemain ; il serait bien temps de nous inquiéter après la nuit. Celle-ci fut courte et mauvaise : trop d'émotions, trop de questions sans réponses. Eva s'endormit finalement, en me tournant le dos, repliée sur elle-même. Sans doute me reprochait-elle inconsciemment d'avoir encouragé les projets de Mischa. Au matin, elle retenait à peine ses larmes, incapable de supporter cette attente. Avec Willi, nous descendîmes sans plus tarder au peloton de gendarmerie de haute montagne de la région grenobloise, à l'aérodrome du Versoud, à quelques minutes de la maison. Un jeune capitaine, à la coupe impeccable, nous accueillit dans son vaste QG, entouré de plusieurs brigadiers à la carrure de gymnastes et d'un médecin. Si certains étaient en tenue d'été, d'autres étaient déjà en tenue de montagne, prêts à grimper dans l'hélico. Essayant de masquer mon émotion, je leur exposai précisément le projet de Mischa et Nono, l'itinéraire prévu, leur expérience de la montagne. Les gendarmes écoutaient avec intérêt, prenaient des notes. Ils nous demandèrent des précisions sur leur habillement, leur numéro de téléphone. Puis, en notre présence, ils contactèrent les trois refuges du massif pour savoir s'ils avaient été vus : aucune information...

Nous nous mîmes d'accord pour lancer les secours à 18 heures, s'ils ne donnaient pas de nouvelles d'ici là. Il resterait alors plus de trois heures de jour, un délai suffisant, d'après les secouristes, pour reconnaître l'axe que nous leur avions décrit. La journée fut intolérable, interminable. J'essayai de déjouer mon anxiété en m'abrutissant à débroussailler une partie de notre terrain. Eva, elle, préférait rester à la maison, près du téléphone, pour travailler ses suites de Bach, même si parfois sa main tremblait.

« Eva, rien ne sert de nous inquiéter.

— Je refuse de vivre ce que j'ai vécu avec toi pendant ta période Deltaplane. J'ai assez souffert !

— Il ne s'agit pas de toi ni de moi, mais de Mischa. »

Baissant les yeux, elle ferma son visage. Impossible de la raisonner. Me radoucissant, je lui pris les mains, en lui disant mais sans en être réellement convaincu :

« Mischa a décidé de devenir guide. Toi et moi, n'y pouvons rien.

— Si seulement tu ne lui avais pas mis ces idées dans la tête !

— Il doit vivre ses choix, construire son expérience. »

À quoi bon se disputer ? Que pouvions-nous dire d'utile ? L'angoisse était simplement trop intense, parfaitement insupportable. Nous évitâmes ainsi de trop nous regarder ou même de nous rencontrer, pleinement conscients de notre impuissance.

Confiant Eva à des amis voisins, je repris en fin d'après-midi la route du PG. L'adjudant de garde prévenu par ses collègues m'expliqua le protocole de recherche et m'autorisa à rester au QG pendant toute sa durée. À 18 heures 10, le pilote du Dragon-EC 145 lança les turbines de sa machine tout en embarquant l'équipe de secours : un mécanicien treuilliste, deux secouristes et un médecin. Alors qu'il effectuait sa dernière *check-list*, le standardiste reçut un appel du gardien de refuge du Collet. Deux jeunes, correspondant au signalement des gendarmes, avaient été repérés par des randonneurs, dans la descente du verrou du lac Blanc ! Une heure plus tard, Mischa appelait du refuge : « Alors, tu as encore déclenché les secours ? »

Il se mit à rire.

« Il n'y a rien de drôle, pourquoi téléphones-tu si tard ?

— On s'est pris une chute de pierre dans un rappel au Grand Pic hier soir. Rien de grave, je te rassure... Mais la corde a été coupée et le téléphone a explosé.

— ...

— On a dû bivouaquer et descendre en désescalade, comme on a pu, ce matin ; ça a pris un peu plus de temps que prévu.

— Mais bon Dieu, pourquoi n'êtes-vous pas descendus dans les refuges les jours avant. Personne ne vous a vus !

— Je te raconterai... Trop de monde. On a préféré bivouaquer au calme. »

Le soir même Mischa et Nono redescendaient dans la vallée, avec quelques contusions pour Nono et une vilaine fracture du poignet pour Mischa. Sur le chemin des urgences ; je leur demandai pourquoi ils n'avaient pas demandé une évacuation héliportée au refuge, Mischa me répondit : « On pouvait marcher ! Et puis, c'est quand même mieux de se démerder seuls, non ? »

Finissant son sandwich, Eva reprend son interrogatoire tout en faisant son sac.

« Cette fois-ci, c'est toi qui as l'air inquiet.

— Oui, forcément un peu...

— Pourtant tu m'as expliqué que Mischa est avec son équipe de *horsemen* et les rangers du Parc.

— Oui, ils connaissent bien le terrain, surtout Guenadin.

— Que veux-tu qu'il leur arrive ? Tu m'as dit qu'ils ne faisaient pas d'alpinisme. »

Pour une fois, c'est elle qui essaie de me rassurer !

« Rien... Mais j'aimerais vraiment avoir de ses nouvelles. On ne sait jamais.

— Pourquoi ne téléphones-tu pas à ton partenaire... ce Slava ?

— Si Slava ne téléphone pas, c'est que tout va bien.

— Mais, Slava doit quand même savoir si Mischa est passé à Sasyr pour récupérer les kayaks, non ?

— Peut-être. J'essaierai donc de le contacter dès que possible. »

Les sacs allégés, nous reprenons notre pérégrination pour franchir le col Valletta qui nous ramène en Suisse. Enclave italienne en Suisse, enclave suisse en Italie : cette frontière aux contours hésitants, apparemment en sommeil, n'est pas le résultat de la géographie alpine mais la conclusion d'une histoire agitée, parfois sanglante, une zone de fracture entre le monde papiste et les territoires de la Réforme. Ainsi, la Valteline, terre catholique du duché de Milan, devint, à la Renaissance, la vassale des Trois Ligues, protestantes et alliées à la Confédération. Elle fut ensuite intégrée à la République cisalpine créée par Bonaparte. Enfin, à la chute de l'Empire, les Austro-Hongrois récupérèrent promptement la région face aux Suisses finalement peu pressés de réannexer cette vallée catholique.

« Eva, crois-tu que nous allons tomber dans un nouveau coupe-gorge ?

— Pas d'inquiétude... me répond-elle en souriant. Il me reste encore quelques euros. Si on se fait dévaliser, on pourra toujours prendre de l'argent à Tirano. »

La descente est raide ; le torrent prend des allures de cascade, pour s'écraser bien plus bas sur un replat : une fagne de sédiments fins et gris parcourue par une multitude de rigoles qui se séparent, se dandinent avec hésitation entre les linaigrettes, avant de se retrouver et de plonger à nouveau vers le vide. Enfin, les chevilles et les genoux endoloris, nous apercevons les premiers « haberts » (maisons d'alpage dans le patois du Grésivaudan) parfaitement rénovés, entourés de prés fauchés comme des pelouses anglaises. Des frênes, taillés de près, montent la garde le long du torrent. Pas un coin d'herbe folle n'encombre les allées de lupins de ce village de Heidi. Un propriétaire a même jugé bon de décorer son toit, ses fenêtres et ses pots de fleurs, de drapeaux suisses pour nous rappeler où nous sommes !

Plusieurs véhicules stationnent à proximité du refuge. La terrasse ensoleillée déborde de promeneurs bruyants. Pas une place de libre. Craignant le pire, nous posons nos sacs devant l'entrée et nous asseyons sur les marches d'escalier pour délacer nos chaussures en essayant de ne pas gêner le ballet des serveuses qui virevoltent un plateau à la main. Nous nous présentons au patron planté derrière son comptoir. Bruno dirige d'une voix colorée, avec de grands moulinets de la main, la chorégraphie des jolies aides gardiennes. Très brun, les cheveux en broussaille, il a les yeux bleus des peuples du Nord et la moustache de ses cousins italiens : un solide gaillard aux paluches de paysan, au sourire franc. Il nous écrase la main en nous souhaitant la bienvenue, manifestement réjoui de rencontrer des randonneurs au long cours, puis s'enquiert en allemand et en italien des conditions de notre traversée. Rapidement, nous nous mettons d'accord pour accabler Livigno, ses boutiques de luxe et ses cabanes à souvenirs qui vendent les mêmes porte-clés avec clarine intégrée, les mêmes marmottes siffleuses. Gabi, son épouse, nous rejoint. Malgré l'affluence, elle prend quelques minutes pour nous saluer, tout en lançant plusieurs commandes en *schwyzerdütsch* à la cuisinière. Bruno, en charge du bar, lui répond en italien ou en romanche. Profitant d'un moment de calme, il nous amène à notre dortoir et nous indique l'heure du dîner : 19 heures 30. Nous patientons une demi-heure et goûtons bientôt le menu composé d'antipasti, d'un *primo* et d'un *secondo* : une Suisse authentique, souriante et sans arnaque. Il était temps !

Le soleil couché, Eva s'installe tranquillement dans sa bannette et, à l'aide de sa lampe frontale, lit une troisième fois son article sur l'islam au siècle des Lumières. Seul, sans sac à dos, je repars vers le lac Saoseo situé un peu plus haut dans la forêt pour repérer le passage du lendemain. Arrivé sur la rive, je m'installe sur un énorme rocher qui avance dans des eaux étonnamment transparentes. Plusieurs troncs gisent sur le fond comme des épaves échouées. Malgré la pénombre qui progresse, un casse-noix moucheté, profitant de l'absence de vent, fait ses provisions de graines de cembro, en slalomant entre les troncs, tout en lançant des cris rauques et discordants. Une nouvelle fois, je vérifie mon téléphone : toujours pas de signal. Demain, j'essaierai ; demain matin, lorsque nous monterons au col Sach. Des rires et des voix s'élèvent depuis l'autre berge : du français ! Premières retrouvailles avec ma langue depuis notre départ ! Un groupe de jeunes gens s'apprête à bivouaquer en fêtant la fin de son séjour. Nous échangeons quelques paroles avant que la nuit ne s'installe pour de bon. Ces étudiants sages de Lausanne et de Sion s'étonnent qu'un Français s'égare aux confins de leur pays.

Abandonnant le projet de me baigner nu, je me contente de lancer des cailloux dans l'eau en regardant l'orage se déchaîner sur le Palü et la Bernina qui me font face.

PÂTRES ET MADONES
7 août 2013

À LA SORTIE du refuge, nous sommes enveloppés par un vent tiède chargé d'humidité. Le ciel pommelé hésite encore entre le gris sombre et le gris clair. Nous levons les yeux vers le col Sach, 800 mètres plus haut. Il est visible mais il nous faut faire vite avant qu'il ne disparaisse dans la brouillasse. Le passage est, selon Bruno, assez aléatoire du fait de l'absence de marquage. Il est vrai que les volontaires pour cette longue étape transfrontalière sont peu nombreux. Dès la première heure, nous sortons les parapluies pour les replier peu après. Il pleut, mais pas suffisamment pour nous encombrer dans ces sous-bois. Privilégiant la vitesse au confort, nous sortons rapidement du couvert forestier. La trace monte vers les crêtes encore apparentes : pas de chichis, pas de préliminaires, c'est tout droit en haut ! Parfaitement affûtés, nous avalons la dénivelée sans fatigue, motivés par le rideau de pluie qui barre l'horizon. Il roule vers nous sans hâte, mais sans hésitation, depuis les glaciers de la Bernina que l'on devine encore avant de les voir sombrer dans la nuée. J'essaie de capturer avec mon reflex la brutalité et la beauté de cette nature en colère. En vain ! Eva a des ailes maintenant ; elle grimpe sans interruption sur l'étroite trace, à travers la pente qui s'incline dangereusement. Oubliées la chute et la frayeur au-dessus du glacier de la Silvretta ; à moins que la peur de l'orage ne soit plus forte ? La pluie s'installe. Je rejoins Eva sur la fine arête qui mène au col. Le ciel est noir : plus question de sortir l'appareil, il faut maintenant forcer le pas, en priant que le ciel ne se déchaîne pas trop vite. La vraie pluie, celle qui glisse entre la capuche et le cou, qui mouille les genoux, nous rejoint au col, au milieu de vents tourbillonnants. Un éclair frappe la Scima da Saoseo à quelques centaines de mètres, nous déchirant les oreilles. Nous courons nous réfugier de l'autre côté du col pour trouver une relative sécurité 20 mètres plus bas. Nous enfilons toutes nos couches de protection, laissant nos fragiles parapluies au fond de nos sacs. Ils ne résisteraient pas plus de quelques secondes à la tourmente. Sans attendre, nous fuyons vers le sud dans un pierrier qui semble ne jamais finir. Prenant garde à ne pas glisser sur les rochers couverts de lichen jaune, nous perdons rapidement de l'altitude. Dans ce *no man's land*, sans trace ni marque, miracle de la boussole et de l'alti, nous trouvons enfin l'objectif de la matinée : le bivouac Strambini, une cabane en tôle peinte en rouge vif, perdue au milieu de cet immense chaos de roches mais perchée sur une pointe, comme un phare au milieu d'une mer déchaînée. Vite, nous ouvrons la lourde porte aux huisseries de chambre froide. Elle grince délicieusement. Enfin, nous sommes à l'abri !

L'intérieur est sommaire : huit couchages superposés, quelques étagères avec des bouteilles de vin entamées, des restes de soupes lyophilisées, du café, quelques sachets de thé, une table cerclée d'aluminium, quatre chaises d'écolier. Nous enlevons nos vestes dégoulinantes, les disposons, sans illusion, sur un fil à linge et allumons un feu dans le poêle à l'aide du bois de réserve...

« Zut... Avec cette flotte, je n'ai pas essayé de contacter Slava.

— Essaie maintenant, me répond Eva.

— J'aimerais bien... Mais ça ne passe pas.

— Et ce soir ?

— Ce sera la nuit pour lui...

— On est bon pour attendre demain matin !

— Pas grave. »

Le calme d'Eva me rassérène. L'image de Mischa disparaissant dans les eaux boueuses, faute de s'estomper, me fait moins mal. Je me convaincs que celle-ci n'est que le fruit de mon imagination, une construction imaginaire vouée à s'écrouler dès que j'aurai Slava au téléphone. La pluie frappe avec insistance sur la tôle, rendant notre discussion difficile. Nous guettons les changements de rythme, d'intensité... Mais non, elle insiste. Rien à faire d'autre que lire une revue du CAI remontant à plusieurs années, d'ajouter quelques lignes sur le livre d'or du refuge, de grignoter des biscuits mouillés en regardant les photos jaunies accrochées au mur. L'une d'elles, celle d'un tout jeune homme au large sourire, est ornée d'un edelweiss et accompagnée d'un petit texte : « À toi, Duilio, notre ami et guide. Tu as tellement aimé nos montagnes, de Sondrio à Bormio, ouvrant de nombreuses voies dans notre val Grosino. Tu es parti trop tôt ce maudit jour de 27 mai 1978. Frappé par la foudre sur la tour Magnaghi alors que tu tentais de secourir une cordée égarée. Nous ne t'oublions pas. Tes amis du CAI de Grosio. »

Cette lecture nous rend taciturnes. Pendant quelques minutes nous n'échangeons plus une parole…

Une accalmie ; nous enfilons en faisant des grimaces nos vêtements encore mouillés, éteignons le feu, payons notre dû pour le bois, puis, déployant nos parapluies, poursuivons notre descente entre une série de barres rocheuses peu inclinées. Un bon signe : les marmottes sifflent de nouveau. La pluie s'arrête. Nous en profitons pour nous changer, faire un peu de lessive écologique, sans savon, dans un ruisseau. Les linges sont essorés vigoureusement puis mis à sécher sur le sac à l'aide de nos pinces. Eva file devant, dans ce long vallon, en direction du hameau de Malghera. J'en profite pour mettre les écouteurs et réentendre un enregistrement d'Eva et de l'orchestre de la Suisse romande : le deuxième mouvement du concerto de Dvorak. Cette musique, *adagio ma non troppo*, a pour notre petite famille une signification très particulière.

Les enfants étaient alors encore bien petits. Nous vivions sur les hauteurs de Bergame, dans une maison de maître du XVIIe siècle entourée de vignes : un heureux hasard de la vie qui compensait en partie les hivers noyés de brume de la plaine du Pô. Eva et moi avions inventé un jeu qui accompagna nos enfants jusqu'au terrible âge de raison. Après avoir mis le disque de Dvorak sur le *pick-up*, Eva s'installait au violoncelle. Prenant les enfants dans mes bras, je leur racontais alors un conte que nous avions imaginé à partir de la musique...

« Il était une fois deux petits enfants et leur papa. Un jour que Maman travaillait son violoncelle, ils partirent, sans faire de bruit, dans la grande forêt en direction de la montagne Blanche. Ils marchèrent beaucoup. Épuisés, affamés (après l'introduction orchestrale, Eva commençait à jouer), ils firent une pause pour déjeuner puis se couchèrent au pied d'un vieux chêne et s'endormirent. Un écureuil, sautant de branche en branche, réveilla les enfants qui, émerveillés, le suivirent dans le sous-bois. Lorsque le Papa se réveilla, il ne vit point ses deux petits. Il fit le tour de l'arbre, les chercha aux alentours, chercha encore, les appela, les appela encore et encore (le violoncelle, la voix du Papa, prenait alors des accents déchirants) : "Willi et Mischa, Willi et Mischa où êtes-vous ?"

Les oiseaux de la forêt (joués par la flûte et les clarinettes), alertés par ces appels, se posèrent sur la cime du chêne. Ils proposèrent au papa de l'aider à chercher ses deux enfants avec l'aide de tous les animaux de la forêt, mais surtout avec celle des grands loups gris, les rois de la montagne. Ces derniers arrivèrent enfin (dans un *fortissimo* de cordes, suivi par la longue complainte du violoncelle).

“Oh vous, les grands loups gris... Les rois de la montagne, aidez-moi à retrouver mes petits chéris.”

Les oiseaux reprirent la supplique du père : “Oh oui, aidez ce papa à retrouver Mischa et Willi, il les aime tant !” »

Immanquablement, à ce moment du conte, les enfants se blottissaient tout contre moi comme si nous ne devions jamais nous revoir. Je n’ai jamais su s’ils faisaient cela pour me faire plaisir ou parce qu’ils vivaient pleinement l’histoire, qui se poursuivait ainsi :

« Les grands loups gris, après un bref conciliabule, donnèrent leur accord (nouveau *fortissimo*) : “C’est entendu. Nous allons chercher les traces de tes petits, car nous aussi nous avons des enfants.”

Les animaux s’organisèrent en fonction des capacités de chacun : les aigles volèrent aussi haut que possible pour scruter l’horizon, les mésanges firent les commères en récoltant tous les potins de la forêt, les loups et les renards flairèrent les traces la truffe dans la mousse, les lézards et les serpents écoutèrent chaque vibration du sol, les blaireaux explorèrent les cavités souterraines. Papa, accompagné des grands loups gris, explorait chaque chemin, chaque vallon, tout en se demandant comment il allait expliquer à maman la disparition de ses petits. Enfin (vers la fin du deuxième mouvement), un élan (le cor) annonça la bonne nouvelle : un aigle avait repéré les petits au pied de la montagne Blanche. Après une course effrénée, papa et les grands loups gris arrivèrent à l’entrée d’un grand terrier. Willi et Mischa dormaient là, sur un lit de fougères gardé par une dizaine de louveteaux qui, en voyant arriver papa et leurs parents, entamèrent une folle sarabande : la danse des petits loups, prélude aux retrouvailles avec la maman restée à la maison pour jouer du violoncelle. »

À la fin de l'histoire, immanquablement, nous nous retrouvions tous les quatre sur le canapé à nous serrer les uns contre les autres, à nous dire combien nous nous aimions. Tout en marchant, je ne peux m'empêcher de fredonner la chanson des grands loups gris et d'amorcer un pas de danse vers la fin du mouvement. Cette musique me pénètre et apaise mon appréhension, mieux que tous les anxiolytiques : oui, bien entendu, nous retrouverons Mischa endormi au pied de sa montagne Blanche !

Eva s'est arrêtée auprès d'un troupeau de juments et de poulains en liberté : des Avelignese, originaires du Tyrol du Sud, à la robe alezane et aux longs crins blonds. Nous nous approchons sans les effrayer. Les plus téméraires viennent même frotter leur chanfrein contre nous, croyant sans doute que nous leur apportons de la pierre à sel.

« Ils ont la belle vie, me dit Eva.

— Oui, dommage qu'elle soit si courte.

— Pourquoi ?

— Parce qu'en Italie ces chevaux sont surtout élevés pour la boucherie.

— Tu crois ?

— Je ne le crois pas, j'en suis sûr ! »

Fin de l'épisode mélancolique !

Nous sommes encore à plus de 2 000 mètres d'altitude lorsque nous apercevons le clocher de Notre-Dame-des-Neiges : une solide bâtisse édifiée au milieu du XIXe siècle pour célébrer l'apparition de la Vierge à un jeune berger. Rien d'étonnant : le XIXe est le siècle des bergers et de la Vierge, autant que celui de Bismarck et de Louis II ! Le pâtre, donc, menant son troupeau dans les alpages d'altitude loin de la bergerie avait été surpris par une tourmente littéralement infernale. Partout, la foudre tombait autour de lui, frappant indifféremment ses bêtes et les rochers qui éclataient sous le choc. Recroquevillé sous un bloc, s'apprêtant à périr, le jeune homme recommanda son âme à Dieu. Il vit alors la Madone apparaître dans un creux de mousse. Il se leva, marcha droit devant lui vers le hameau de Malghera, suivi par son troupeau, alors que les éclairs continuaient à fuser tout autour de lui sans plus effrayer les bêtes.

La décoration du sanctuaire est sobre, simplement animée des deux côtés de la travée par une série de tableaux représentant les étapes de la Passion. À proximité de l'autel, Eva s'arrête, dépose son sac, esquisse un signe de croix et s'assoit sur un banc. Je fais de même. Elle glisse deux pièces dans une pauvre boîte en fer-blanc, puis allume un cierge au milieu d'une dizaine d'autres. Pour quoi, pour qui ? Je n'ose pas lui demander. Nous restons sur le banc, fermons les yeux. Je me recueille à défaut de pouvoir prier :

« Oh vous, les gros loups gris,
Aidez-moi à retrouver mon petit... »

Nous l'appréhendions : la descente du val Grosina vers la Valteline est accablante, interminable – 15 kilomètres au bas mot ! Nous empruntons une piste carrossable, heureusement déserte, qui coupe les pentes du Sasso Campana à travers les alpages et les forêts d'épicéas. Eva agrémente, tant bien que mal, ce parcours ennuyeux en piquant çà et là framboises et fraises des bois.

« Eva, *dai*... Allons, il reste du chemin à faire ! »

Le chemin devient hélas route, étroite certes, mais route goudronnée, au grand dam de nos pieds. Heureusement, le torrent est proche ; nous refroidissons bientôt les mécaniques surchauffées à l'aide de bains de pied prolongés ! Il n'est pas loin de 16 heures quand une bétaillère, premier et dernier véhicule de la journée, s'arrête à notre niveau. Le conducteur, un paysan, en bleu de travail et béret sur la tête, nous demande ce que nous faisons là. Aucune inquiétude dans sa question, seulement de la curiosité, tant il est rare de voir des marcheurs sur cette portion de vallée. Apprenant notre projet, il nous propose aimablement de nous conduire à Grosio ou même à Grossotto, le but de la journée : « À pied, vous en avez pour trois heures. En voiture, nous y serons en moins d'un quart d'heure. Cela me fait plaisir, il y a de la place... »

Eva me regarde, presque suppliante. Je sens bien que le « Cela me fait plaisir » bouscule ses résolutions. Il faut réagir :

« Non, merci... C'est très gentil à vous, mais nous nous sommes promis de traverser les Alpes, entièrement à pied.

— Comme vous voulez... Bonne route ! »

Au moment où il démarre, je regrette déjà cette bravade alors qu'Eva me jette un œil noir.

« C'est idiot. Il avait l'air sympa.

— Oui, mais...

— Rien ne sert de marcher si on ne peut pas parler avec les gens que nous rencontrons.

— À ce compte-là, on aurait pu traverser les Alpes en avion et parler avec nos voisins de siège.

— Je ne vois pas le rapport. »

Il n'y en a pas. J'essaie simplement de me sortir de cette situation délicate par une pirouette. Heureusement pour la solidité de notre couple, nous quittons bientôt le goudron pour nous engager sur une sente oubliée, partiellement recouverte de ronces et de fougères. À partir de ce point, nous naviguerons au jugé, sans carte.

« C'est malin de ne pas avoir de copie de carte pour cette partie, proteste Eva.

— Mais, c'est évident, il faut aller vers cette vallée.

— Évident pour toi... Mais sais-tu seulement où va ce sentier ?

— Il descend, cela me suffit ! »

Nous descendons donc, les pieds douloureux, traversons des hameaux déserts, toujours dans la bonne direction. Enfin, nous apercevons les premières maisons de Grossotto : un gros bourg de la Valteline situé quelque 2 000 mètres plus bas que le col de Sach. Le sentier circule à travers charmes et châtaigniers et nous mène, au sortir du bois, à l'église peinte en ocre qui domine le village. Une vieille dame prend le frais assise sur un banc, sous un acacia. Elle tricote.

« Buena sera, Signora.

— Buena sera... »

À quelques mètres, un étrange monument attire notre attention. Une porte grillagée et cadenassée abrite des ossements entassés avec soin : crânes édentés, tibias. L'ouverture est entourée d'une étrange fresque mêlant têtes de mort, mitre d'évêque et chapeau de gendarme, surmontée par une série de date 1630-1631-1632 et de deux inscriptions : *Iacemus Hic* et *Peste Conflicti*. Eva se tourne vers la vieille dame :

« Connaissez-vous la signification de ce monument ?

— C'est écrit dessus : c'est un ossuaire pour recueillir les morts de la grande peste.

— La grande peste ?

— Oui, ce sont les mercenaires du val Chiavenna, des Suisses qui ont apporté la peste ici.

— Il y a eu beaucoup de morts ?

— On dit que la moitié de la vallée a péri. Plus de 500, rien qu'à Grossotto : un siècle maudit ! »

Notre interlocutrice interrompt la navette de ses aiguilles et sort de son gilet une série d'images pieuses qu'elle fait défiler dans ses mains. Discrètement, elle relève ses bas épais pour masquer ses grosses jambes violacées. Nous décidons de parler de choses plus légères :

« Vous prenez le frais ?

— Ah si ! Il fait vraiment trop chaud en bas. Où allez-vous donc ?

— Ce soir à Grossotto, mais après à Bergame.

— À Bergame, à pied ? Mais vous êtes fous... Et d'où venez-vous ?

— De Saoseo.

— De Saoseo ? *Roba da matto* – "Une affaire de fous" ! Et avant ?

— Nous venons d'Allemagne... »

La bonne dame nous regarde, incrédule : « Que Dieu vous garde... »

J'ai envie de l'embrasser tellement elle est sincère. J'aimerais avoir une grand-mère, une mémé comme elle, immortelle, éternelle, pour nous tricoter des chaussettes ou des écharpes, pour continuer à nous traiter de fous, nous recommander d'être prudents et demander de lui envoyer des cartes postales.

SANS NOUVELLES
8 août 2013

« *HELLO*, SLAVA, tu m'entends ? »

La communication est hachée, comme d'habitude. En Iakoutie, grande comme cinq fois la France, le réseau GSM est encore embryonnaire. Pour rendre la conversation plus difficile encore, Slava, un Asiate au sang iakoute mêlé de youkagir[7], n'élève jamais la voix et se contente de parler à voix basse, atone. Impossible de déceler une quelconque émotion dans ses propos !

« Peux-tu répéter ?

— Hello, Leo... J'ai essayé de t'appeler plusieurs fois. »

Instinctivement, je m'appuie contre la table de la chambre pour trouver une assise, un horizon avant de subir la tempête. Plus question, maintenant, de jouer à cache-cache avec la vérité.

« Tu n'es pas avec Mischa ? Il devait être à Khonoo aujourd'hui...

— Oui, je sais. Mais nous sommes sans nouvelles et... »

La ligne coupe. Putain, ça y est ! Je me mords la lèvre inférieure jusqu'au sang. Je le savais. Une vague noire, comme un voile de deuil, me submerge et me noie. Je ferme les yeux un bref instant, les ouvre de nouveau comme on le ferait avec une ardoise magique pour effacer les dernières secondes. Mais non, le téléphone est toujours là dans ma main. La vision de ces eaux boueuses, de la main de Mischa qui se lève, envahit tout mon être. L'écho de son dernier cri : « Papa, papa... » ne cesse de se répéter. J'ai simplement trop mal pour pleurer, plus tard, peut-être. Vacherie de curés, bouddhistes et philosophes ! Je suis seul et nu face à l'insupportable.

Eva finit son petit-déjeuner au rez-de-chaussée de l'hôtel Patrioti. Comment imaginer lui annoncer l'insoutenable nouvelle ? Notre couple pourra-t-il même lui survivre ? Il y a bien longtemps que les gentils aigles et les loups gris sont devenus adultes et ne répondent plus à mes appels. Lentement, comme un condamné qui signe sa propre sentence, je rappelle Slava, parce qu'il le faut.

« Slava, tu es sans nouvelles depuis quand ?

— Depuis le 28 juillet...

— Le 28 juillet ! »

Vingt-huit juillet, le jour de ma vision... Plus rien à dire, les jeux sont faits. Je m'en veux d'avoir continué à marcher, malgré tout, malgré les avertissements, d'avoir fait comme si tout allait s'arranger. Maintenant, il faut vraiment nous préparer au pire.

« Mais où est son groupe ?

— C'est ce que j'essaie de te dire : nous n'avons plus de nouvelles du groupe !

— Plus de nouvelles du groupe ?

— Non... depuis le 28 juillet.

— Mais enfin, c'est absurde... »

La ligne coupe de nouveau. J'essaie plusieurs fois de rappeler : en vain. Le téléphone n'accroche plus le réseau. Je joins le bureau.

« Simon, pas de nouvelles de Mischa ?

— Non, Slava nous a juste appelés pour nous dire que Mischa avait pris du retard. »

Du retard ! Je m'assois sur le lit, atterré, la tête entre les mains. Les veines de mes tempes battent à tout-va comme si mon crâne allait éclater. Étourdi, je respire profondément, essaie de calmer, de contrôler cette peur qui ne me quitte plus. Mischa ne peut pas avoir disparu avec tout le groupe : huit clients, un guide local, trois *horsemen*, douze chevaux, un chien. Impossible qu'ils aient tous été emportés par la rivière ou dévorés par les ours ! D'ailleurs, le 28 juillet, ils se trouvaient dans une zone montagneuse, non inondable. Alors ? Ils ont dû faire demi-tour et rallier leur point de départ. C'est faisable en cinq jours, peut-être sept avec les rivières qui débordent. Ou alors...

Eva entre dans la chambre, souriante, de bonne humeur.

« Tu as eu Slava ?

— Non, ça ne répond pas. Mais j'ai téléphoné au bureau.

— Et alors ?

— Ils ont pris du retard.

— Et alors ?

— Et alors, rien... Il faut attendre.

— Mais tu ne m'as pas dit qu'ils devaient être à Khonoo aujourd'hui ?

— Oui, en théorie.

— S'ils sont en retard, ils vont louper leur avion pour Iakoutsk.

— C'est un risque. »

Je lui tourne le dos et finis de préparer mon sac. Mon regard troublé lui dévoilerait ma détresse. Il pleut encore – rien à voir cependant avec la tempête d'hier : une pluie régulière, une pluie d'automne qui fait luire les pavés de la rue piétonne. Pas le cœur de marcher aujourd'hui dans cette vallée industrialisée, même en passant par les vignes et les bois. Nous décidons de rompre, pour quelques kilomètres, notre pacte du « tout à pied » et prenons un bus qui nous mène en quelques minutes à Tirano. Au diable, nous ne sommes pas à la recherche d'un record !

« Léo, tu as l'air préoccupé.

— Oui, c'est compréhensible, non ? »

Le ton de ma voix est expéditif, définitif même.

« Je ne t'ai rien dit pour que tu sois si déplaisant ! »

C'est ainsi, je n'ai jamais su parler de ma souffrance. Pourquoi ajouter de la douleur à celle-ci ? Il me faut d'abord digérer en silence, lentement, mes émotions, les dompter par la raison et la distance avant, simplement, de pouvoir les nommer, échanger.

Le bus nous dépose à Tirano, Nous nous mettons rapidement à l'abri sous le porche orné de l'aigle bicéphale des Habsbourg d'une belle demeure du XVIe siècle, le Palazzo Salis.

« Tu viens visiter le jardin ? me propose Eva.

— Non, vas-y seule. Je vais essayer de rappeler Slava. »

Eva s'éloigne donc entre les buis taillés et les rosiers, couverte par son parapluie. Cette fois-ci, la ligne est plus claire :

« Slava… qu'en penses-tu ?

— C'est ennuyeux mais pas trop inquiétant. Ils sont juste en retard.

— Mais ils ne sont pas passés par Sasyr.

— Ils n'ont pas pu passer. La plaine de la Moma était inondée à Sasyr. Ils ont dû prendre un autre chemin par les montagnes.

— Qu'en disent Vlad et les autres rangers du Parc ?

— Ils ne sont pas inquiets. Avec Guenadin, ils sont entre de bonnes mains. »

Je connais bien l'ami Guenadin, le chef des *horsemen* : un petit Évène à la face parcheminée qui élève des chevaux à Sasyr, un ancien kolkhoze perdu au milieu de la taïga. Il est reconnu pour sa connaissance de la région et sa sagesse. Sans doute même est-il chaman. Chaque hiver, il part avec une caravane de chevaux approvisionner en nourriture, en vodka et en kérosène, ses cousins nomades, éleveurs de rennes, par des températures dépassant parfois les -50 °C. Son ami Vlad et lui sont, de loin, les meilleurs connaisseurs de ce territoire lointain, voisin de la route de la Kolyma, grand comme deux ou trois régions françaises. C'est là que les Soviétiques installèrent leurs goulags les plus meurtriers afin d'exploiter leurs mines d'or et d'argent.

« OK, mais s'ils ne sont pas là demain, il faudra lancer les recherches.

— J'ai déjà pris contact avec les pilotes de l'Antonov 4.

— Et alors ?

— Ils ne peuvent pas encore décoller. La piste de Khonoo n'est pas praticable.

— Il pleut toujours ?

— Non, aujourd'hui, la pluie s'est arrêtée. Mais les environs de Khonoo sont inondés !

— Comment peuvent-ils passer alors ?

— Ne t'inquiète pas ; avec Guenadin, ils trouveront bien une solution. En cas de vrai problème, ils peuvent toujours déclencher la balise de secours.

— Oui, s'ils ne l'ont pas perdue ou noyée ! »

La couverture GSM est désormais assurée jusqu'à Bergame. Nous convenons de nous appeler chaque jour pour faire le point. Slava me promet, en outre, de nous envoyer un courriel à la moindre nouvelle du groupe. Eva me rejoint après son tour de jardin :

« Tu as eu Slava ?

— ...

— Je t'ai vu parler.

— Pourquoi me poses-tu la question, alors ?

— Et ?...

— Il est en retard.

— Tu me l'as déjà dit... Sont-ils bien passés à Sasyr ?

— Non, justement. Slava pense qu'ils sont allés directement à Khonoo par les montagnes.

— Mais pour quoi faire ?

— Ils ont dû être bloqués par les inondations.

— Ça fait au moins 300 kilomètres par la montagne !

— Ce qui expliquerait leur retard.

— Quand penses-tu qu'ils arriveront ?

— Je n'en sais rien... À marche forcée, ils en ont au moins pour dix jours depuis son dernier message.

— Quand ça ?

— Il y a une dizaine de jours. »

En fait, je le sais exactement : onze jours. Pourront-ils vraiment marcher 30 kilomètres par jour avec des clients qui ne sont pas tous des Guenadin ? À court de vivres, ils devront nécessairement s'arrêter pour pêcher et chasser. À moins qu'ils n'envoient une équipe de cavaliers en reconnaissance...

« Que fait-on ? insiste Eva.

— Rien. On ne peut rien faire d'ici ou même du bureau ! Slava est sur place. Il dirige les opérations avec Vlad et les gardes du Parc. Il faut attendre.

— Il n'y a vraiment rien à faire ?

— Slava fera une reconnaissance aérienne dès que possible. Et puis Mischa n'a pas déclenché sa balise de détresse.

— Je n'aime pas ça, me dit-elle.

— Moi non plus... »

Eva, bien sûr, souhaiterait rentrer au plus vite à la maison. Mais à quoi bon ? Reprenant mes esprits, j'essaie de la persuader qu'on ne peut agir sans avoir plus d'informations, qu'il faut faire, nécessairement, confiance à Vlad et à Slava. Ils ont déjà prouvé leur valeur dans des conditions aussi difficiles. D'ailleurs, nous n'avons qu'une seule véritable alternative : continuer à marcher ou prendre le premier avion pour Iakoutsk ! Nous remettons à plus tard cette dernière option. La marche sera le meilleur remède à notre tourment.

Quatrième partie
ALPES BERGAMASQUES

TIRANO
8 août 2013

PAS FACILE de reprendre le programme, comme si de rien n'était. Et pourtant notre petite mécanique se remet en route dès que nous appuyons sur le bouton « Marche » : la force de l'habitude, d'une routine parfaitement huilée. Nous faisons comme si… Comme si cette petite ville grise et humide nous intéressait.

Tirano, coincée entre ses montagnes, nous fait penser à Albertville pleine de pluie et d'ennui, mais aussi de charme pour peu que l'on s'accorde à son rythme. Pour tuer ce temps qui nous tuerait si on le laissait faire, nous partons en excursion dans les rues étroites et désertes et visitons, consciencieusement, églises, palais et musées, redevenant le temps de cette journée pluvieuse, malgré nos gros sacs et nos bâtons de marche, des touristes ordinaires. Tout plutôt que de reparler de Mischa, de Slava !

La ville au croisement de trois vallées occupe depuis des siècles une position stratégique. La place forte contrôlait au nord l'accès à l'Engadine, à l'ouest au lac de Côme et donc au Milanais, à l'est aux régions germaniques et à la république de Venise. C'est ainsi que le *condottiere* Colleoni, originaire de Bergame, fit ses classes de capitaine dans la vallée, en 1431, l'année du procès de Jeanne d'Arc ! Je l'imagine avec son armure ciselée et dorée entouré de mercenaires loués à grands frais par la Sérénissime. Les Vénitiens venus de Brescia récoltèrent alors quelques succès faciles, bousculant les maigres troupes milanaises. Ils occupèrent bientôt l'ensemble de la Valteline. La suite fut moins glorieuse. Les Visconti levèrent, une année après, une armée forte de quatre cents cavaliers et d'un millier de fantassins. Remontant les rives du lac de Côme, ils traversèrent l'Adda sur un pont de barques, puis encerclèrent les Vénitiens, installés dans leur place forte de Delebio, à l'entrée de la vallée. La défaite fut sévère. Presque tous les commandants furent tués ou faits prisonniers à l'exception du Colleoni qui réussit à s'échapper par la montagne. Plusieurs centaines de Vénitiens furent enterrés sur les rives de l'Adda dans les fossés qu'ils avaient creusés pour leur protection.

Protégés par nos parapluies, nous retournons vers la place principale, non loin du Palazzo Salis où se dresse une grande église dont le fronton semi-circulaire me rappelle, étrangement, les églises baroques latino-américaines… Rien de bien attrayant, *a priori*. Eva, plus curieuse que moi, s'en approche et m'interpelle : « Leo, viens voir… »

Elle me montre une plaque en marbre scellée dans un mur : *In memoriam*. Nous découvrons alors que ce sanctuaire, un ancien lieu de pèlerinage, est à l'origine de la Saint-Barthélemy alpine !

En 1620, l'Europe est à feu et à sang avec la guerre de Trente-Ans qui oppose les descendants de Charles Quint, les Habsbourg d'Espagne ultracatholiques, aux États allemands protestants et à leurs alliés, pour le contrôle du Saint-Empire germanique. En Valteline, la population catholique et les ultras supportent de moins en moins la domination des Grigioni protestants des Trois Ligues. Manipulée par des agitateurs milanais, appuyée par la troupe espagnole, une foule se rassemble devant le parvis de l'église, s'échauffe. Bientôt, des milices rayonnent dans la ville à la recherche des protestants, à commencer par les notables et pasteurs Grigioni. Ils sont massacrés. La canaille fanatique et la troupe se rendent alors à Teglio, à deux lieues de là, où femmes et enfants ont trouvé refuge dans le clocher de l'église de Sant Orsola : ils y sont brûlés vifs. L'histoire ne fut pas tendre pour les auteurs de ce carnage puisque, dix ans plus tard, la grande peste frappait la vallée, exterminant la moitié de la population qui subit quelques années plus tard les rigueurs de l'occupation des troupes françaises du duc Henri II de Rohan, un Huguenot : justice divine ?

Tirano se révèle, de fait, plus intéressante et émouvante que nous l'avions cru ! Je décide de taquiner Eva :

« Sais-tu que Tirano a un autre “titre d'infamie” ?

— Non lequel ?

— D'avoir été le dernier refuge de la milice pétainiste !

— Ah, non ! Tu ne vas pas recommencer avec tes histoires de la Seconde Guerre mondiale !

— Si, si, je t'assure, c'est passionnant !

— Cela n'intéresse plus personne. Garde-les pour toi ! »

Dommage, cette histoire en vaut bien d'autres ! Les ultimes mois de la guerre sont, en effet, marqués par le retour des troupes françaises en Valteline : le dernier carré de la milice vichyste avec, à sa tête, son grand manitou, Joseph Darnand. Triste destin pour cet ancien héros des Corps francs, devenu par imbécillité et fidélité au Maréchal un impitoyable chasseur de juifs et de maquisards. Partis de Sigmaringen où se sont réfugiés le vieillard sénile et les débris du gouvernement Laval, ils arrivent à Grosio depuis le Tyrol, puis à Tirano avec la consigne allemande de liquider les maquis républicains. L'inverse se produit. Les hommes de Darnand, portant la tarte des chasseurs alpins et l'insigne gamma de la Milice, sont durement accrochés par les partisans socialistes et démocrates de *Giustizia e Libertà*. Se joignant à des *Camicie nere* (Chemises noires) italiens, les Francs-Gardes livrent leurs derniers combats à Tirano, perdant de nombreux hommes. Ils se rendent finalement non sans avoir tenté de cacher le trésor de la Milice, des millions de marks, de l'or et des bijoux, dans le couvent des Serviteurs de Marie, à proximité du sanctuaire. Pas de miracle pour Darnand. Il n'a ni la chance ni la connaissance de la montagne d'un Bartolomeo Colleoni. Protégé par les moines, déguisé en religieux, il s'enfuit dans les montagnes vers Edolo, où il est dénoncé, arrêté par des agents britanniques puis livré aux autorités françaises qui le jugèrent promptement et le fusillèrent.

LE PIC FOUDROYÉ
9 août 2013

IL PLEUVIOTE. Le jour est à peine levé. Malgré la tentation de prendre un taxi jusqu'à Carona, nous nous infligeons une montée de pénitents : pas moins de 2400 mètres de dénivelée en partant de la vallée ! Ayant épuisé assez rapidement les charmes un peu tristes de Tirano et de Teglio, il nous faut maintenant avancer et traverser ces Alpes bergamasques si nous voulons arriver à temps.

Cette nuit, nous avons téléphoné à Slava. Inutile désormais de me cacher d'Eva. Elle sait tout de mes craintes, hormis, bien entendu, ma vision de la disparition de Mischa dans la rivière. Pourquoi l'agiter avec mes propres fantasmes ? Le vent du nord-ouest a soufflé à Khonoo, repoussant vers le détroit de Béring l'air humide des dernières semaines. L'Antonov 4 venait à peine de décoller sur la piste encore trempée, emportant Vlad comme observateur. Le biplan doit faire un aller-retour commercial pour Sasyr en s'écartant de l'axe classique pour suivre l'itinéraire probable, selon Vlad, de Mischa et Guenadin pour rejoindre Khonoo. Ils survoleront ainsi, à l'ouest du pic Pobeda, le grand lac Buchunga où Mischa a pu recevoir l'assistance des éleveurs de rennes, puis une très longue vallée entourée de collines jusqu'à la cabane des gardes, à une centaine de kilomètres de Khonoo. Slava semble confiant. Mais comment se fier à son ton calme ? Il est toujours impassible ! Un indice cependant me rassure un peu : il n'a pas oublié de mentionner qu'il avait dû payer 300 dollars aux pilotes pour qu'ils acceptent de faire ce détour. S'il avait été paniqué, il ne m'aurait rien dit.

Tout avait bien commencé après avoir traversé les vignes : un sentier étroit mais régulier montant dans la châtaigneraie jusqu'à une cabane mangée par l'humidité. Et puis plus rien ! Malgré le pointillé sur la carte, la trace se perd dans la charmille, les fougères, les grandes impatientes et les orties ! Troquant mon short pour un pantalon de brousse, j'ouvre notre chemin à grands coups de bâtons. Trop tard, maintenant, pour faire demi-tour, nous devons forcer le passage ! La navigation dans ce bois sombre de feuillus, abandonné par les paysans et les forestiers, est aléatoire. Seuls les chercheurs de champignons doivent désormais s'y aventurer. Voilà une demi-heure que nous progressons dans un méli-mélo de pierriers couverts de mousse, de forêt vierge encombrée de lianes de lierre et de clématites. J'interpelle Eva qui monte en silence :

« Tu sais, quand j'étais môme, on se coupait des morceaux de liane pour les fumer en cachette.

— Cela ne m'étonne pas de toi… Toujours le premier à faire des bêtises ! répond Eva mi-amusée, mi-sérieuse.

— En fait non, je suivais l'exemple des grands, ceux de cinquième... Qui sait, peut-être dans l'espoir de grandir plus vite ?

— Oui et maintenant que tu es vieux, tu essaies de ralentir le temps en nous amenant dans cette jungle quand nous aurions pu monter en taxi ou en stop à Carona ! »

Enfin, une nouvelle trace qui mène... nulle part. Il nous faut repartir droit dans la pente, escalader un talus de remblais pour atteindre une piste forestière, inutile car perpendiculaire à notre progression. Tant pis. Sur ce terrain à limaces qui dégouline d'humidité, la progression est pénible. Plus d'une fois, nous nous retrouvons à terre en jurant. Nous nous en accommodons pourtant, comme si notre peine pouvait alléger celle de notre fils, comme si nous étions coupables de l'avoir abandonné ou même de poursuivre notre périple : un chemin de croix pour expier je ne sais quelle faute, mais surtout pour retrouver espoir. De-ci de-là, le sol est remué par des bosses, des trous et même, il me semble, des départs de galeries comblées : une mine ancestrale ? Nous marquons une halte sur un tertre. Un chevreuil détale à proximité en aboyant. Parfois, nous croisons des lignes à haute tension qui nous servent à repérer notre avance sur la carte. Il est 8 heures quand nous sortons enfin de cette forêt qui n'a rien de magique. Nous rejoignons à travers champs et vergers, en trempant nos chaussures, un hameau endormi : Carona. Une route qui monte depuis la vallée se transforme bientôt en rampe bétonnée et crantée tant la pente est forte. Le paysage ne retient pas notre attention ; la ligne de crête est bouchée. Nous reprenons alors notre rythme commando à peine ralenti par les parapluies que nous venons d'ouvrir et dépassons ainsi plusieurs *baite*, abris d'alpage en Italie.

Plus haut, le vallon, survolé par une ligne à haute tension, s'élargit un peu pour mener à un très beau plan encore dans l'ombre. Des scouts italiens d'une quinzaine d'années y ont planté un village de tentes et s'affairent pour réveiller un feu. Nous ne nous attardons pas et maintenons notre cadence sur la piste devenue chemin puis sentier. Nous grimpons raide à travers les résineux face à une belle cascade dont la rumeur empêche toute discussion.

Nous atteignons enfin le domaine alpin non loin d'une *baita* isolée, propriété d'un *Gruppo d'Alpini* de Tirano. Ils y ont construit, avec l'aide des bergers et de volontaires, un abri en pierres sèches pour une statue de la Vierge entourée de fleurs fanées et d'autres en plastique. Les montagnards ont même installé une jardinière dans laquelle un petit cactus achève de crever. Nous profitons de l'avant-toit pour laisser passer un grain.

« Admettons qu'ils arrivent à la cabane des gardes, que feront-ils après ? m'interroge Eva.

— Je n'en sais rien... Il est bien possible que le camp soit inondé.

— Ils peuvent appeler des secours ?

— Je ne pense pas. Il n'y a pas de téléphone... je sais que les gardes laissent une ou deux barques là-bas.

— Que dit Vlad ?

— Je ne lui ai pas parlé, mais il a dit à Slava que Guenadin et Mischa ont très certainement choisi ce chemin.

— Mais, si tout est inondé, ils ne pourront pas rester là.

— Si, il y a des collines à proximité… Ils peuvent attendre là que les eaux baissent… On y va ? »

L'averse passée, nous reprenons notre ascension qui devient franchement alpine : ressauts de roches moutonnées, banquettes herbeuses de plus en plus étroites et inclinées. Il nous faut maintenant mettre les mains pour franchir un verrou un peu raide. Le plaisir de cette marche-escalade nous fait oublier, un bref instant, les plaines inondées de Iakoutie. Enfin, à 2500 mètres, un record sans doute pour un mois d'août après les chutes du printemps, nous marchons sur la neige, passant ainsi, sans difficulté, un gros pierrier au pied du col. La navigation est désormais aisée : il suffit de suivre la ligne électrique ! Il est à peine midi lorsque nous franchissons le col : un peu plus de six heures depuis la vallée ! Nous savourons notre victoire, satisfaits d'avoir réussi notre pari. Le vent et le froid nous empêchant d'y pique-niquer, nous descendons jusqu'à une étrange construction, un abri semi-cylindrique en pierres sèches, partiellement enchâssé dans la montagne : une poudrière de la ligne de défense Orobie de la Première Guerre mondiale, convertie en bivouac par une association de randonneurs bergamasques. La vue embrasse toute la partie orientale des Orobie, les Alpes bergamasques. D'emblée, ces reliefs nous font penser à la partie nord de Belledonne. C'est du raide et du sauvage : pas un randonneur à l'horizon ! Un nuage s'écarte un peu et nous laisse entrevoir un fragment de ciel bleu. Nous nous contentons de la fin de la pluie et de notre *panino* accompagné d'une pomme de la Valteline, puis descendons, presque heureux, vers le lac supérieur de Barbellino, partiellement envahi par un névé tardif. Un petit iceberg fait concurrence à un îlet qui se donne ainsi des airs de Groenland. Nous nous arrêtons un instant pour nous imprégner de ce paysage, nous serrant l'un contre l'autre, comme une promesse muette d'affronter la tourmente ensemble si, par malheur, il devait y avoir tempête.

Nous savions que l'interminable montée au Passo Caronella serait pénible, nous avions oublié combien les descentes, même anodines, peuvent être chagrines ! Après huit heures de marche rapide, nous n'avançons plus que difficilement en nous appuyant de plus en plus sur nos bâtons. Nous décidons de ralentir le pas malgré la menace de l'orage qui tarde heureusement à se matérialiser. Des brebis géantes, de race bergamasque, accompagnées de leurs agneaux, allongées dans l'herbe, dorment d'un œil. Elles ont un air de lamas tristes avec leurs cous trop longs, leurs grandes oreilles tombantes. Élevées pour leur viande, elles ne donnent que très peu de lait et leur laine sans suint est juste bonne à rembourrer les matelas des *baite*.

Au moment même où la pluie recommence à tomber, nous arrivons au refuge les genoux cassés. Il nous faut remettre à plus tard nos projets de lessive. Le gardien s'est absenté. Eva discute avec son épouse. Je lui demande s'il est possible de capter un signal GSM. Elle nous indique un belvédère, ceint de barrières tordues et rouillées et de falaises qui plongent vers le Valbondione. Les « CAIistes » y ont érigé deux mâts où flottent le drapeau européen et la *bandiera* italienne surmontant le fanion du CAI à l'aigle et à l'étoile d'argent. Le signal est faible, mais suffisant pour vérifier qu'aucun message ne m'a été envoyé. Pourtant, l'Antonov a bien dû faire sa rotation et le groupe de Mischa devrait être visible. Peut-être ont-ils choisi un autre itinéraire ? J'en veux à Slava de ne pas m'informer, ne serait-ce que pour me dire qu'il ne sait rien...

Je ne m'attarde pas sur le belvédère, parfait paratonnerre, car l'orage est là. La foudre illumine les crêtes dans un ciel devenu noir. Il fait presque nuit alors que le soleil n'est pas couché. Je jette malgré tout un œil sur la montée du lendemain. La pente est sévère : elle débouche sur un collet dominé par une pointe, le Passo del Corno, sur laquelle se déchargent les éclairs : inenvisageable par un temps pareil. D'ailleurs, la toponymie des lieux n'est guère encourageante : Diable de la Malgina, couloir des Chamois, pic Foudroyé. Ces Alpes verticales et austères n'ont rien d'estivales !

Je rentre d'humeur maussade au refuge, sous une nouvelle averse, alors que Fabio, le gardien, remonte son tracteur et sa remorque pleine, depuis le porte-charge. Il me reconnaît le premier : nous nous sommes déjà rencontrés dans un rassemblement de télémarkeurs, voilà dix ans ! Nous nous saluons chaleureusement. Sans trop attendre, je lui demande des précisions sur le trajet du lendemain :

« Vous allez où ?

— Au refuge Brunone.

— Alors, vous devriez partir tôt. Une belle *passeggiata*… me répond-il, avec un brin d'humour.

— Combien de temps d'après toi ?

— Ça dépend de vous… Mais entraînés comme vous l'êtes, je dirais de neuf à dix heures… Après le Coca, vous pensez passer par le haut ou par le bas ?

— On ne sait pas bien encore.

— Par le haut, c'est magnifique, sans doute le plus beau sentier des Alpes italiennes, mais c'est engagé. Il ne faut pas y aller avec de l'orage.

— Et par le bas…

— C'est bien aussi, mais c'est encore plus long et presque aussi engagé.

— Ça dépendra alors de la météo. Que dit-elle ?

— Ils avaient prévu du beau ce soir. Et tu vois où nous en sommes. On verra bien demain.

— Au pire, on descendra dans la vallée.

— Pour le chemin du bas, renseignez-vous auprès du gardien du Coca. Il est possible qu'une portion du sentier ait été emportée. »

Privilège de la camaraderie, Fabio réserve pour nous seuls un grand dortoir avec vue sur le lac. La nuit est pourtant mauvaise. Plusieurs fois, je me relève pour accrocher les volets qui claquent sous les rafales de la tempête qui se déchaîne.

ÉQUILIBRISTES

10 août 2013

LE RÉVEIL de la montre sonne discrètement ses 5 heures. Inutile, nous ne dormions que d'un œil. Sans tarder, je saute de mon étage pour ouvrir les lourds volets du dortoir et connaître le verdict de la nuit. Quelques étoiles retardataires luttent encore contre la clarté montante. Pas une trace de nuage. Un air limpide et froid s'est emparé des Orobie. Le vent du nord souffle par rafales, irisant toute la surface du lac.

J'allume le téléphone : peine perdue ! Comme hier soir, je n'arrive pas à capter le moindre réseau. Encore mal réveillés, nous déjeunons, seuls, dans la grande salle en regardant avec inquiétude les bourrasques ployer les grands épilobes. Fabio et ses aides dorment encore. Le petit-déjeuner est à l'italienne, c'est-à-dire minimaliste. Un mystère. Comment nos cousins italiens, par ailleurs si fins gourmets, peuvent-ils se contenter de ces *prime collazione* indigentes vite avalées, de ces pains creux au goût de carton ? Nous tartinons donc, maladroitement, quelques noix de beurre, des capsules de Nutella et de confiture sur des biscottes, ou plutôt sur des bouts de biscottes. Nous n'en laissons pas une miette en prévision d'une journée que nous savons difficile.

Le vent, fort et glacial, nous accueille dès les premiers mètres. Eva, hésitante, marque un temps d'arrêt et regarde les hauteurs avec appréhension. J'essaie de la réconforter, tout en me persuadant que tout ira bien :

« Avec ce vent, aucun risque d'orage !

— Oui, mais, me répond-elle, on ne risque pas de se faire déséquilibrer sur les crêtes ?

— Je n'en sais rien... Si ça craint, on fera demi-tour. On verra bien. »

Plutôt que de nous diriger vers le barrage que nous devons traverser, je propose à Eva de faire un nouvel essai de téléphone sur le belvédère. Le vent redouble de violence, nous obligeant à nous agripper à la rambarde. Rapidement, deux barrettes apparaissent sur l'écran en même temps qu'un signal nous informant qu'un message a été déposé sur ma boîte vocale : « *Hello*, c'est Slava. Je ne peux pas t'envoyer de courriels. Le groupe a été repéré à 80 kilomètres au sud de Khonoo. Je te tiens au courant. »

Je respire profondément en fermant les yeux, esquisse un sourire, vite réprimé pour conjurer le mauvais sort. Eva m'interroge :

« Ont-ils vu Mischa ?

— Tu as entendu le message comme moi. Ils ont repéré le groupe, un point c'est tout... »

Son visage se ferme comme si j'étais responsable des silences de Slava.

Sans attendre la réplique, je compose le numéro de Slava, en vain... Je me contente alors de lui laisser un message identique sur sa boîte électronique et vocale : « *Thanks*, Slava. Bien reçu. J'attends de tes nouvelles. »

Eva s'impatiente de nouveau :

« Que vont-ils faire maintenant ?

— Je suppose qu'ils vont leur envoyer des canots à moteur s'ils ont été repérés près de la Moma.

— Et sinon ?

— Il n'y a pas d'autre alternative. Ils ne peuvent être que bloqués par la rivière. N'oublie pas qu'ils ont des chevaux.

— Pourquoi Slava n'envoie-t-il pas un hélico ?

— Le premier hélico est à Iakoutsk ou Magadan, à 1000 kilomètres de là. Tu ne peux déclencher l'assistance qu'en cas d'urgence médicale.

— Et s'ils sont en danger ?

— Ils l'auraient vu depuis l'avion, non ? »

Inutile d'épiloguer sans information complémentaire. Je savoure naturellement cette nouvelle information tout en gardant au fond de moi une crainte que je ne peux évacuer : et si Mischa n'était pas dans le groupe ? Est-il possible qu'il ait vraiment disparu dans la rivière ?

Il nous faut partir maintenant si nous voulons atteindre le refuge Brunone pour le dîner. La première montée est balayée par le vent du nord. Plus d'une fois, nous sommes déséquilibrés. Quand nous croyons que le vent commence à faiblir enfin, il redouble de violence dans le tournant suivant. Après le col du Corno, la trace devient horizontale, comme un étroit trottoir posé au-dessus d'une pente, mélange de toboggans herbeux et de barres rocheuses. Des mains charitables et prévoyantes ont installé une chaîne qui court le long de la falaise.

« Dis-moi, Léo, ce n'est pas pire que le Heilbronner Weg ?

— À mon avis, c'est du même niveau. »

Comme pour me contredire, le trottoir nous mène droit vers une goulotte, proche de la verticale, qui dessert un vaste cirque filant vers la vallée. Un faux pas ne pardonnerait guère. Pourtant, trois marques rouges et blanches sont peintes vers l'abîme : pas de doute, nous sommes bien sur le chemin. Peut-on encore parler de chemin ? J'hésite, un moment, à sortir la corde, mais cette manipulation ne ferait que nous ralentir sans pour autant rassurer Eva. Au contraire, peut-être ! Après avoir vérifié la qualité des amarrages, nous désescaladons, mètre après mètre, l'étroit couloir, le dos au vide, les deux mains agrippées à la chaîne, en évitant de regarder entre nos pieds. Nous nous réceptionnons sur une plateforme étroite, presque un marchepied. Heureusement, le passage est relativement sec. La pluie et la neige ne s'attardent pas sur ces pentes ! Nous traversons le cirque en équilibristes, mesurant chacun de nos pas sur une mince ligne de terre et de cailloux, en prenant garde de bien rester droits malgré la tentation de nous pencher vers la paroi à notre droite pour fuir le vertige qui nous saisit.

Le cirque passé, nous remontons une nouvelle pente couverte par un bosquet de vernes. Nous hissant à l'aide des branches souples, nous atterrissons sur une étroite arête où le vide file des deux côtés : un nid d'aigle.

« Je t'avais dit qu'il fallait passer par le bas », me dit Eva, figée par la frayeur.

Nous sommes partis du refuge depuis maintenant trois heures. Impossible de presser Eva qui vérifie chacun de ses appuis avant de progresser. J'essaie vainement de la rassurer en répétant d'une voix aussi neutre que possible « Tranquilou, ça passe tout seul... », sans comprendre que j'empire le mal en lui annonçant chaque passage délicat !

« Arête de me dire que c'est facile. Tu vois bien que ce n'est pas vrai ! »

Elle n'a pas tort : nous sommes à la limite de l'alpinisme. Enfin, nous croisons nos premiers randonneurs : de solides Italiens qui montent sans mollir vers le nid d'aigle en parlant fort et en riant. Cette apparition rassure un peu Eva qui, peu à peu, retrouve ses moyens. Nous devons encore dégringoler 500 mètres pour rallier le refuge Coca. Sur la carte, un bref segment, sur le terrain, une tout autre affaire...

De nombreux randonneurs, montés de Valbondione, se pressent auprès du refuge. Nous approchons en effet de *ferragosto*, le pont de la « mi-août », sacré pour les Italiens qui montent alors prendre le frais en montagne – une habitude qui remonte aux temps du fascisme et des premiers congés payés. Il n'est que 10 heures. La salle du restaurant est fermée, nous cherchons la gardienne :

« *Buongiorno, Signora*, est-il possible de manger ?

— Il est trop tôt. Revenez à 11 heures 30.

— Ce n'est pas possible, nous arrivons du Curo et partons au Brunone...

— Au Brunone en venant du Curo ? »

Apitoyée, elle nous trouve finalement une place entre les tables retournées et nous propose un reste de soupe et de tarte tout en s'excusant de ne pas être prête.

« Savez-vous si le chemin du bas est praticable ?

— Non, il est coupé… De toute façon, il est trop long, au moins sept à huit heures jusqu'au Brunone.

— Et par le haut ?

— Cinq ou six heures peut-être… *è un bel sentiero pero molto impegnativo.* »

Eva nous interrompt :

« Ça veut dire quoi *"impegnativo"* ? »

Je fais mine de ne pas entendre et poursuis la conversation avec la gardienne. Nous apprenons ainsi que le refuge vient d'être renommé en mémoire de Fabrizio Merelli, l'himalayiste bergamasque tombé en descendant la pointe Scais, tout près de là, voici un peu plus d'un an : une chute stupide, évidemment. Instinctivement, je pense à Lionel Terray, dont les exploits ont ponctué mon enfance, tombé, lui aussi, bêtement, à proximité de chez lui dans une escalade facile, les anneaux de corde à la main.

Lionel Terray, son ami Lachenal, Duilo Strambini, Emilio Comici, Fabrizio Merelli et tant d'autres… morts sottement, pour rien sinon pour que leurs survivants construisent des légendes commodes. Qu'y a-t-il de noble et d'héroïque à laisser sa peau en montagne ? Ne devrait-on pas plutôt baptiser les bivouacs et refuges avec les noms d'alpinistes morts dans leur lit, à commencer par Ricardo Cassin, mort centenaire, Walter Bonatti, un Bergamasque, ou Georges Livanos qui a sagement écrit : « Mieux vaut un piton de plus qu'un alpiniste en moins » ?

À peine requinqués, nous repartons, un peu plus confiants, sur le sentier qui mène au petit lac Coca. Nous sommes désormais à l'abri du vent, à moins que celui-ci ait déjà faibli. Sur les rives, les marcheurs ont délaissé leurs sacs à dos et leurs grosses chaussures pour se muer en simples vacanciers. Des jeunes femmes bronzent en maillots de bain, allongées sur de gros blocs au bord de l'eau ; d'autres pique-niquent dans l'herbe. Quelques enfants, sous l'œil vigilant des mamans, font même trempette dans l'eau glacée, en poussant de petits cris effrayés. Malgré l'envie de nous accorder une pause, nous suivons les marques du 303 : *il sentiero delle alte Orobie*. La trace s'élève rapidement à travers un gros pierrier pour rejoindre une plateforme herbeuse qui domine le lac. La suite est nettement moins engageante : du raide, du très raide même ! Suivant scrupuleusement les traces, nous nous retrouvons à grimper une arête qui semble ne jamais finir. Il nous faut même franchir un petit pas de III, un peu exposé, mais aux prises évidentes. Surtout ne pas se laisser impressionner par la verticalité de l'environnement.

« Leo, c'est de l'escalade !

— Fais confiance aux Italiens, s'ils l'indiquent comme sentier, c'est que c'est à notre portée. »

Comme pour confirmer mes dires, un homme descend précautionneusement la même arête en portant son chien ! Je l'interpelle :

« Pas trop difficile avec votre chien ?

— Pour le chien, pas de problème... Mais je commence à fatiguer !

— C'est comme ça pendant longtemps ?

— Par moments... Mais c'est long ! »

Nous naviguons ainsi de chaîne en chaîne, de marque en marque, pendant plusieurs heures. L'après-midi s'étire, les muscles se raidissent, perdent leur élasticité. Nous nous arrêtons pour boire. Eva proteste :

« Nous aurions dû passer par le bas.

— Tu te répètes... Je t'ai déjà expliqué que ça ne passait pas. »

Nous pénétrons dans un nouveau cirque, entièrement minéral. Son fond est couvert d'une neige sale et dure. Nous marquons un nouvel arrêt, épuisant ainsi nos dernières provisions.

« Tu as dû te tromper. Ça ne peut pas passer par là, me dit Eva impressionnée par la raideur des parois.

— Là, il y a une ligne de cairns.

— Là ? »

La ligne conduit effectivement à un couloir quasiment vertical.

« On verra bien... »

Nous suivons donc la ligne de cairns, bientôt enrichie de quelques marques de peinture surmontées du fameux chiffre 303. Plus de doute. Arrivés au pied du couloir, nous reprenons espoir, malgré sa raideur et sa longueur. Une chaîne scellée sur les rochers semble avoir été posée jusqu'à un collet, un peu plus de 100 mètres plus haut. Nous nous hissons donc à la force des bras sur un terrain pourri, en restant proche l'un de l'autre pour ne pas nous blesser avec les inévitables pierres que nous délogeons et qui dévalent la pente en rebondissant sur les rochers. Enfin, la pente s'adoucit à l'approche du Ol Simal, à plus de 2700 mètres. Le temps nous manque pour apprécier pleinement la nouvelle perspective. Vers le sud, une vague brume annonce la plaine du Pô. Devant nous, une immense arène faite d'alpages plongeant vers le vide, bordée par une ligne de fines arêtes et de redoutables aiguilles : un air de Marquises.

« Léo, tu crois que les difficultés sont terminées ?

— J'espère... En tout cas, il n'y a plus de remontées ! »

Nous retrouvons pendant un moment, sur un névé faiblement pentu, le plaisir de la marche sans crainte. Nos affaires, hélas, se compliquent à nouveau. Malgré notre fatigue, nous devons encore jouer les acrobates pour franchir plusieurs barres rocheuses sous la silhouette menaçante de la pointe Scais. Une dernière rampe chaînée nous amène à l'ultime difficulté de la journée : un pierrier peu engageant de grosses pavasses enchâssées dans des cailloux de moindre taille et du gravier. Impatient, je choisis de descendre droit dans la pente, en ramasse, en alternant glissades et freinages exprès afin d'éviter la chute. Eva préfère suivre sagement les traces. Je ne peux lui en vouloir : nous sommes exténués après plus de douze heures de marche. Nos muscles tétanisés ne répondent plus qu'avec retard. Il faudrait nous arrêter, boire, manger, faire des étirements... Mais le refuge est là tout proche.

I PROMESSI SPOSI
11 août 2013

« *Hi*, Slava… Comment ça va ?

— *Well*… Nous avons des problèmes pour les canots et l'essence. Nous avons pris du retard.

— Sais-tu si Vlad a vu Mischa depuis l'avion ?

— Je ne sais pas. Le groupe semblait OK.

— Comment est la météo maintenant ?

— OK… La rivière est descendue.

— Quand penses-tu pouvoir les rejoindre ?

— Cette nuit, demain peut-être…

— Bien reçu. Envoie-moi alors un message. »

Du Slava typique : précis, lapidaire, sans émotion apparente. Il nous faut encore attendre, patienter, avant de pouvoir respirer, souffler et dormir normalement. Cette attente, qui m'a saisi voilà quinze jours, ne me quitte plus vraiment. Je suis devenu son esclave, comme un lieutenant Drogo, impuissant, enfermé dans une citadelle, face au désert des Tartares, à une menace inconnue qui viendra peut-être, un jour… si nous ne mourons pas avant !

La nuit est sans lune. Seul sur la terrasse du Brunone, pieds nus, en caleçon et *tee-shirt*, je parle à voix basse aux deux chiens du gardien, inquiets ou agacés par ma lampe frontale. Allongé sur une banquette en ciment, un paisible berger bergamasque, aveuglé par ses longues mèches de poils qui lui retombent sur les yeux, fait mine de monter la garde. Son complice, un corniaud au poil ras, à l'œil vif, s'active déjà malgré l'heure matinale. Monté sur un banc, il s'acharne à faire ses dents sur le coin d'une table. Je remonte au dortoir pour me recoucher.

Les pentes raides sont encore au programme de la journée : les dernières difficultés, sans doute, de notre traversée. Les informations sont en effet contradictoires. Des Milanais, avec qui nous avons sympathisé, ont mis neuf heures pour venir du refuge Calvi, situé aux deux tiers de l'étape. Mais Claudio, le gardien, nous a assuré que l'étape projetée est certes longue mais à notre portée. Encore une fois, nous verrons bien en route. Nous sommes maintenant suffisamment aguerris pour nous permettre d'être un peu fatalistes.

Aux premières lueurs, nous cherchons pendant un moment les semelles d'Eva. Le petit corniaud à l'œil vif les a dérobées et planquées derrière une touffe d'herbes auprès d'autres trophées mâchouillés : un gant de toilette, une chaussette, une balle de tennis. Peu après, nous bataillons pour faire notre chemin au travers d'un large reposoir envahi par des plantes géantes – laitue des Alpes, rumex, séneçons dorés et orties – en essayant d'éviter les brûlures de ces dernières. Ce premier obstacle franchi, nous découvrons ensemble, main dans la main, le trajet de la matinée. Un mince fil clair ondule le long d'une pente raide de gneiss gris et de schistes noirs, rythmant sa progression par une série de caps effilés et de petites baies. L'ensemble est assez vertigineux, guère plus qu'hier, sans doute moins. Mais peut-être sommes-nous déjà accoutumés au vide ? Nous marchons donc d'un bon pas, rejoignant, en une grosse heure, le fond du cirque matérialisé par un torrent rebondissant sur des roches foncées, lustrées comme un marbre funéraire, terriblement glissantes.

Pendant la remontée du Valsecca, notre dernier col véritablement alpin, un épais brouillard descendu des sommets nous recouvre. La montagne redevient mystérieuse, minérale. Des rochers beiges, dolomitiques, apparaissent puis disparaissent comme des spectres. Des chutes de pierre résonnent au loin sans que nous puissions identifier leurs points de départ. Un marquage efficace nous permet cependant de rejoindre sans émoi un nouvel amer, sous la forme d'une cabane peinte au minium, ancrée au sommet d'une avancée face aux vagues de brume qui s'épaississent à présent. Une dizaine de bouquetins femelles accompagnées de leurs cabris circulent autour du bivouac pour se régaler du bloc de sel qu'un berger a installé pour ses moutons. Acteurs un peu cabotins d'un théâtre de ciel et de terre, elles se dérobent, puis se dévoilent pour le final dans les plis du rideau de nuées.

Nous y croisons une troupe de montagnards bergamasques aux sacs alourdis par les bouteilles de vin et les jambons entiers qu'ils montent au Brunone. Pour rejoindre le col, nous devons encore parcourir une fine arête ascendante qui semble nous dire : « Ne vous réjouissez pas trop vite, vous êtes encore en montagne ! » Parfois de longues cornes de mâles solitaires, perchés sur les hauteurs, émergent des nappes de brouillard : des bouquetins, originaires du Grand Paradis. Introduits dans les années 1980, ils se sont facilement reproduits dans ces contrées farouches et verticales. La plupart ne portent ainsi ni balise de repérage, ni marquage à l'oreille qui les rabaisseraient au rang de vulgaire bétail ou d'animaux de zoo. Nous franchissons le col, un important carrefour, avec un véritable sentiment de fierté. Nous avons dépassé depuis longtemps les 300 kilomètres et les 30 000 mètres de dénivelée : le plus dur est derrière nous ! Le Valsecca, comme pour tempérer notre euphorie, est entouré de montagnes impressionnantes, de falaises striées de larges bandes ocre et noires : Pizzi Diavolo et Diavolino, Monte Grabaisca. De loin, j'observe ces parois sévères, ces goulottes aériennes, dessinant mentalement de belles voies d'escalade. Un jour, j'y reviendrai avec Mischa, un jour peut-être...

Nous parvenons maintenant en vue de l'Alta Val Brembana, de Foppolo, une station de ski. J'allume le téléphone. Un nouveau message de Slava : « OK, Léo, nous sommes en route... » Il a été envoyé il y a deux heures, vers 20 heures en Iakoutie. Je me tourne vers Eva :

« On devrait rapidement avoir des nouvelles...

— Quand ?

— Si tout se passe bien, ils devraient être de retour après la nuit, soit dans une douzaine d'heures...

— Slava ne peut pas téléphoner avant ?

— Son téléphone satellite russe, ne fonctionne pas très bien... »

Nous quittons ainsi la haute montagne et ses vertiges pour aborder la montagne à vaches, celle des hautes herbes, des bosquets de vernes et de bouleaux. Bientôt, nous renouerons avec le mélézin. Une dernière moraine, relique d'un glacier mort d'avoir trop reculé, fait de la résistance : dernières escarmouches désespérées du monde minéral, des gris et des bruns qui refusent de se laisser envahir par les verts.

Nous forçons la bonne humeur en entonnant des chants de marche, des chansons d'enfance : *Il était un petit homme, Dans la troupe, il n'y a pas de jambe de bois* et d'autres dont nous ne connaissons que des fragments. J'ai une affection particulière pour *Ne pleure pas, Jeannette* même si, enfant, je ne comprenais vraiment pas pourquoi cette Jeannette préférait être pendouillée avec son malheureux Pierre, plutôt que mariée avec un prince. Je ne suis pas si sûr d'avoir compris aujourd'hui. Me ferais-je pendouiller avec Eva, Willi ou avec Mischa ? Si Jeannette a perdu la vie par amour pour Pierre, elle ne l'a pas pour autant sauvé. Alors ?

Le lac Rotondo est rond, comme son nom l'indique. Autour de ses rives, une vingtaine de baigneurs-bronzeurs empêchent les quelques pêcheurs de pêcher en rond... Nous sommes dimanche et l'atmosphère est nettement balnéaire : familles, groupes d'amis, cyclistes de montagne se pressent autour du lac et du refuge Fratelli Calvi. Nous hésitons à y entrer tant l'affluence est forte. Les clients se pressent par bandes de dix à douze personnes autour de grandes tables et discutent bruyamment. D'autres font le siège du bar.

Compte tenu du temps d'attente, nous nous contentons d'une soupe agrémentée de quelques tranches de pain et de copeaux de parmesan que nous nous apprêtons à manger à l'extérieur, sur le coin d'une table occupée par un couple très âgé, peut-être 80 ans. Ils parlent entre eux à voix basse. La vieille dame, au léger maquillage, porte une chemise en popeline brodée, un gilet léger, une écharpe en soie blanche et un knicker en velours côtelé : une bourgeoise de Milan en escapade ? Mince, presque maigre, elle paraît tellement frêle, fragile avec ses yeux trop pâles, presque transparents, ses mains chiffonnées appuyées sur une canne de marche ornée d'écussons émaillés. Son homme est plus terrien, massif, presque sanguin. Il a le nez aquilin et la mâchoire pointue des gens d'ici, les mains épaisses aux multiples entailles et les ongles rognés des travailleurs de la terre ou du bâtiment. Un paysan comme sembleraient l'indiquer son pantalon en drap bleu et ses bretelles ? Son sac à dos en toile de bâche posé à terre, aux bretelles en cuir, me rappelle le Millet que mes parents m'avaient offert pour ma première communion. Leurs chaussures, des grosses, en cuir patiné, me ramènent aux temps des Galibier qui ont torturé mon adolescence. Ils interrompent leurs conciliabules, étonnés de nous entendre parler en français. Nous les saluons en italien. Rassurés, ils engagent bientôt la conversation sur quelques sujets obligés : « D'où venez-vous ? où allez-vous ? aurons-nous de l'orage ?, etc. » Alors qu'ils sont presque apprivoisés, je poursuis :

« Savez-vous qui sont les frères Calvi ?

— Bien sûr que nous savons. Ici, tout le monde le sait ! nous répond la vieille dame.

— Et ?...

— Ils sont du même village que nous, de Piazza Brembana, à 20 kilomètres d'ici.

— Les quatre fils du maire, précise son mari, des officiers *Alpini*.

— Oui, enfin, quatre de ses huit enfants, dont cinq fils », corrige son épouse.

Je me permets d'insister :

« Et alors ?

— Ils sont tous morts en montagne, à la guerre, me répond-elle avec un air navré.

— La Grande Guerre, ajoute son mari... Mais, en fait, non, trois frères sont morts à la guerre. L'aîné est mort sur l'Adamello après-guerre.

— Ah oui, tu as raison... C'est Attilio, Giannino et Santino qui sont tombés à la guerre.

— Le benjanin, Giannino, est mort de la grippe espagnole à la fin des combats », conclut le vieux en hochant la tête.

Je les interroge :

« Comment se fait-il que vous connaissiez si bien cette histoire, après tant de temps ? »

La vieille dame élégante me répond avec un voile dans les yeux : « Oh, cette histoire est connue dans toute la vallée... Et puis... ces quatre gars (elle emploie le mot *ragazzi*) étaient mes oncles, même si je suis née après leur mort. »

Le vieux pose sa grosse main sur le genou de sa femme et le caresse comme pour la consoler. Nous restons cois un moment comme si nous avions peur de faire revenir ces ombres passées.

Il nous faut encore trois belles heures de marche pour rejoindre le refuge de la nuit. Nous empruntons un large sentier qui fait le tour des dix lacs de retenue dispersés autour du Pizzo del Becco. Construit dans les années 1920 ou 1930, pour le service des hydrauliciens, il se faufile habilement entre les obstacles naturels à l'aide d'étroits tunnels, d'élégants ponceaux, de passerelles perchées sur les falaises de calcaire. Nous renouons en effet avec les Préalpes sédimentaires que nous avions quittées depuis Lech, voilà quinze jours.

De lac en lac, nous atteignons le Piano Casere : le « pré des Fromages ». Un homme et une femme de notre âge, accompagnés de leurs deux grands fils et de leurs chiens, sortent de leur *baita* pour traire le troupeau de laitières éparpillées dans les prés alentour. Chacun emporte un seau ainsi qu'une bouille, en fer-blanc, d'une vingtaine de litres, sanglée sur le dos comme la hotte d'un vigneron. Les trois hommes portent des coiffes d'*Alpini* qui ont perdu depuis longtemps leurs plumes et leurs couleurs. Avec leur « botte-cul », ce tabouret à un pied pour la traite, fixé à leurs fesses par un baudrier rudimentaire, ils sont pareils à des abeilles partant butiner. Nous avons à peine le temps d'échanger un *Buongiorno* que déjà ils s'éclipsent : les vaches n'attendent pas !

Un dernier lac, et le refuge Gemelli apparaît, perché sur une colline dénudée : une grande bâtisse, un peu mastoque, sans charme ni fioriture, typique de l'architecture de la reconstruction d'après-guerre quand nécessité faisait loi. Le premier refuge a été incendié, en effet, en octobre 1944 par les *Camicie nere* désireux de détruire les possibles abris des résistants, nombreux dans cette région de lacs aux multiples recoins et galeries.

Profitant d'une exposition favorable, je vérifie de nouveau le téléphone : pas de message. Six heures du matin à Khonoo : Slava a dû rejoindre le groupe. Ils devraient donc être sur le retour. Il nous faut encore et encore patienter. Eva se repose. J'occupe mon avant-soirée à faire la queue devant la douche, à la prendre, froide, à me promener seul, sans sac, sur le barrage pour tenter de capturer la magie des dernières lumières de la journée.

Le dîner, dans une salle bondée par les *ferragostisti* qui jacassent, est interminable, bruyant. La soirée serait assommante sans la présence d'un tout jeune couple assis à notre table avec qui, malgré l'incessant brouhaha, nous arrivons à échanger quelques paroles. Elisa, bien bâtie, est presque jolie avec ses yeux verts un peu mystérieux, ses cheveux lisses tirés en arrière par un chouchou. Chaque fois qu'elle le peut, pendant le repas, elle tient la main de Fabrizio que nous prenons pour son fiancé mais qui est son mari. Il doit avoir l'âge de Mischa ! Plus petit qu'elle, très brun, le nez fort, les sourcils épais, l'air sérieux, malgré son jeune âge, il s'étonne, comme les anciens de ce matin, d'entendre parler français dans leurs Alpes bergamasques... Lorsque nous racontons notre périple, Elisa s'interroge :

« Je ne pense pas que je serais capable de marcher aussi longtemps !

— De toute façon, nous n'aurons jamais assez de vacances, en tout cas, pas en été ! » réplique Fabrizio.

Elisa le regarde avec des yeux pleins d'admiration. Ils me font penser à Lucia et Renzo, les impossibles fiancés du fameux roman de Manzoni : *I promessi sposi*[8]. Ils nous expliquent qu'ils ont réussi, exceptionnellement, à prendre trois jours de vacances en pleine saison. Elle est surveillante de baignade à Brescia. Fabrizio, seul parmi trois frères à vouloir reprendre l'exploitation familiale, dirige avec sept ouvriers une ferme d'une centaine hectares : maïs, volaille, élevage... Une tâche lourde pour un si jeune homme. Impossible d'imaginer Mischa dans une telle situation tant la moindre idée de fil à la patte lui est insupportable ! Eva les interroge :

« Mais pourquoi avez-vous choisi de venir aux lacs Gemelli ?

— Mais, vous savez, ce lieu a une signification spéciale pour les amoureux...

— Ah bon, laquelle ? »

Elisa et Fabrizio nous racontent alors un conte à deux voix : « Il était une fois une fille de la vallée, si belle et si vertueuse que son père, un maître des forges, ne rêvait pas de plus ample lignée. Un jour qu'elle était partie vers le col Valsecca, en compagnie d'une domestique, pour récolter des plantes médicinales, elle rencontra un pauvre berger, au service de son père, dont elle tomba éperdument amoureuse. Son père, apprenant la nouvelle, ne put contenir sa colère et enferma sa fille à double tour dans sa chambre. La pauvrette refusant de s'alimenter, pleurant jour et nuit, dépérit rapidement. Le maître des forges, impuissant, fit alors venir moult médecins et pharmaciens de Bergame et même de Milan. En vain ! À court de solution, il accepta la visite d'un rebouteux, à la barbe et à la chevelure fournies, dont on disait grand bien. Dès la première visite, la condition de la jeune fille s'améliora. Le guérisseur fut ainsi invité à revenir chaque soir. Après plusieurs semaines, le père découvrit, bien entendu, que le barbu n'était autre que le berger grimé. Il loua une équipe de brigands pour lui briser les reins. Apprenant ce projet par l'entremise de la fidèle domestique, les deux amants s'enfuirent vers le Pizzo del Becco, dans la nuit noire. Bientôt poursuivis par les malandrins, ils s'égarèrent entre falaises, lapiaz et précipices et disparurent au fond d'une crevasse. Du fond de celle-ci jaillirent deux sources qui donnèrent naissance à deux bassins circulaires : les lacs Jumeaux. Ils restèrent ainsi séparés pendant des siècles et ne furent réunis que par la grâce d'un barrage qui les noya dans un seul et unique réservoir. On dit que l'ingénieur en charge du projet avait les mêmes traits que l'infortuné berger. »

LE VIEUX ET L'ASSASSIN

12 août 2013

LE REFUGE SOMMEILLE encore quand nous rendossons, sans un bruit, nos sacs. Sans nous accorder, nous nous dirigeons vers le sommet de la colline pour un nouvel essai de téléphone :

« Pas de message !

— Slava ne t'a pas écrit ?

— Non, rien. Pas de SMS, pas de message vocal... »

Nous restons seuls assis sur le banc trempé par la rosée sans savoir quoi penser de ce silence.

« Essaie de l'appeler à nouveau... »

De nouveau, je compose le numéro, attends en vain une sonnerie. Rien ! Je n'accroche aucun réseau.

« Il n'est pas à Khonoo.

— Mais depuis quand en est-il parti ?

— Un peu moins de vingt-quatre heures... »

Je calcule à voix haute :

« Il a besoin de trois à quatre heures pour remonter la Moma, autant pour la descendre et puis, peut-être, quatre ou cinq heures sur place...

— Il devrait donc être de retour, non ?

— À moins que quelqu'un ne soit blessé. Je n'en sais rien ! »

Ce retard nous contrarie. C'est sûr, quelque chose ne tourne pas rond. Mais quoi ? Une nouvelle fois, nous ne pouvons qu'attendre, espérer, prier peut-être et... marcher. Nous marchons donc le long du lac dans une demi-clarté suffisante pour remiser nos frontales.

Le jour n'est pas encore vraiment levé quand nous surprenons deux hommes, sans fusil, camouflés comme des chasseurs, à l'affût. Sans doute sont-ils venus en repérage avant l'ouverture de la chasse ? Chuchotant entre eux, ils nous montrent du doigt une harde de chamois qui monte vers le col Mezzelo, matérialisé par une grande croix et une table d'orientation. Lorsque nous y arrivons, une dizaine de jeunes bouquetins se prélassent aux premiers rayons de soleil sous l'œil vigilant de quelques étagnes (femelles adultes). Dissimulés derrière un bloc, nous observons leurs jeux de poursuite, leurs simulations de combat. Puis, nous déplaçant imperceptiblement, nous les approchons à portée de main. Ils s'arrêtent alors, nous regardent avec de grands yeux étonnés et font un petit saut de côté. Assis sur la table d'orientation, nous repérons le paysage : au sud, le Grand Arera, évident, puissant et noble exemplaire de l'arc pré-alpin calcaire qui s'étend du lac de Côme au lac de Garde ; au-delà, la brume de la plaine du Pô. Par temps clair, il doit être possible de voir Bergame, Milan peut-être.

La descente vers la Gran' Baita di Mezzeno est abrupte, casse-pattes. Un berger crie après son jeune chien qui peine à rassembler le troupeau, une cinquantaine de vaches et de chevaux mélangés, autour d'une mare en forme de cœur. Plus tard, nous croisons une petite famille qui profite de la fraîcheur du matin pour monter aux lacs en prévision d'une journée qui s'annonce caniculaire. Les rencontres s'accélèrent. Bientôt, une file ininterrompue de promeneurs monte sur le sentier. Nous abandonnons alors les échanges de *Buongiorno* ou même de *Salüt* bergamasque pour nous contenter d'un bref coup de tête à chaque rencontre. Le parking de la *baita* est effectivement plein.

Il est bien trop tôt pour retrouver les inconvénients de la civilisation ; nous bifurquons donc sur la gauche pour nous enfoncer dans une sombre forêt d'épicéas et de fayards, aux troncs gris et lisses, qui donnent à ce massif un air familier de Vercors ou de Chartreuse. Le rythme est volontairement soutenu, sans doute 600 mètres à l'heure, tant nous avons hâte d'achever cette traversée, tant nous sommes impatients d'avoir des nouvelles de Mischa. Nous dépassons maintenant plusieurs randonneurs isolés puis, au sortir du bois, une famille de trois générations. Les grands-parents portent les provisions, les parents, cassés en deux sur leurs bâtons de marche, ont chargé leurs enfants sur les épaules. Ceux-ci ne sont plus des bébés : le plus jeune, accroché au cou de la mère, doit avoir 3 ans et l'aîné, vautré sur son père, 5 ou 6 ans. Enfin, ils s'arrêtent près d'un gros rocher, se déchargent de leurs fardeaux, se désaltèrent. Nous les observons de loin, tout en nous éloignant. Les parents et les grands-parents encouragent les enfants à marcher. Mais, non, rien n'y fait... Les cris montent jusqu'à nous. Alors, la mère et le père chargent leurs mômes sur le dos et reprennent leur chemin de croix. En Italie, les enfants sont toujours rois !

Nous débouchons sur une vaste cuvette de faible profondeur, une zone humide aux longues herbes folles d'où s'élèvent une centaine de papillons. Les traces sont multiples, peu marquées, et la carte bien peu précise. Nous hésitons puis optons pour le sentier du bas qui nous semble plus direct, le 222 : le sentier des fleurs. Malgré notre envie, nous ne grimperons pas au sommet de l'Arera tout proche : pas le temps, pas l'énergie, pas le mental – la traversée avant tout ! Ce sentier des fleurs nous ravit. Plat ou presque, taillé dans un calcaire très blanc pareil à celui des calanques, il fait sa vie entre les touffes de rhodos et les patates de rocher. Malgré un été bien avancé, les plantes calcicoles s'en donnent à cœur joie : ancolies aux gros éperons violets presque noirs, gentianes de Cluse qui lancent leurs trompettes tachées de jaune vers le ciel, coussins fleuris d'androsaces... Une explosion favorisée, malgré un terrain ingrat, par l'orientation favorable et la proximité des nuages de convection qui se pressent contre les flancs de l'Arera. Vainement, nous cherchons des edelweiss, car ce biotope semble idéal, notre dernière chance avant de perdre de l'altitude. Est-il possible que nous traversions les Alpes de l'Allemagne à l'Italie sans jamais avoir vu la fleur préférée des alpinistes ?

Deux silhouettes devisent sur le chemin à une centaine de mètres devant nous. L'une s'est assise sous une ombrelle et semble reprendre son souffle. L'autre furette comme si elle herborisait, à la recherche, peut-être aussi de l'edelweiss. Plus nous nous approchons, plus ces silhouettes nous semblent familières. Mais oui, ce sont nos anciens d'hier, ceux du refuge Fratelli Calvi, avec leurs grosses chaussures en cuir, leur sac à dos hors d'âge et leurs bonnes manières. Nous les saluons avec effusion :

« Quel hasard de vous rencontrer là !

— Mais, c'est une de nos promenades favorites… »

Après avoir échangé quelques paroles aimables, la vieille dame propose à son mari de nous accompagner un moment : « *Dai*, va te promener un peu avec eux. Je reste là. »

Il proteste pour la forme puis, s'assurant que sa femme est bien installée et ne manque de rien, part avec nous, manifestement heureux de cette courte escapade. Alors que nous sommes suffisamment éloignés, il nous explique :

« Ce paysage me plaît tellement… Combien de souvenirs !

— Vous veniez souvent, en randonnée !

— Oh, pas seulement pour randonner, dit-il avec un soupir, mais aussi pour garder les vaches du père, pour ravitailler les partisans…

— Je comprends… »

Il me fait penser au berger du conte des lacs Gemelli. Un berger qui veillerait encore sur sa princesse devenue *bisnonna* (arrière-grand-mère). Il poursuit, les yeux fixés sur la *baita* au fond de vallon :

« Pour moi, ici, c'est un peu la vallée heureuse, celle de mon enfance, un coin de paradis.

— Et votre épouse ?

— Pour elle aussi, c'est là que nous nous sommes vraiment connus, dit-il, avec un éclair de malice.

— Mais pourquoi ne vient-elle pas avec nous ?

— Elle est fatiguée… Elle a subi une opération au cœur cet hiver. Les médecins lui ont interdit de monter à plus de 1500 mètres !

— Pourtant, hier, nous étions à 2000 et, aujourd'hui, à plus de 1800 mètres…

— Oh, on n'est pas à 200 mètres près ! Hein… Et puis, pour vivre, il faut bien mourir un jour. »

Il se signe. J'avais oublié combien les Bergamasques étaient attachés à la religion. Ne disait-on pas que la moitié des prêtres italiens étaient originaires de la région, comme Jean XXIII, le bon pape Giovanni ? Le sentier remonte vers les nuages, dans une combe un peu austère. Notre nouvel ami nous quitte car il ne veut pas laisser sa femme seule trop longtemps. Dans ses adieux, il y a comme un léger tremblement. C'est sûr maintenant, nous ne nous reverrons plus. Adieu donc, et pas au revoir…

Au moment de disparaître dans un repli du relief, il se retourne et nous fait encore un ultime signe de la main comme si nous étions un des derniers liens qui le retiennent encore à la montagne, à la vie.

Le paysage s'assombrit et devient moins idyllique. Des pylônes rouillés, des plots de béton encombrent l'horizon : vestiges d'une station de ski abandonnée pour cause de réchauffement climatique. La base des nuages lèche le toit du refuge Capanna 2000. Sur l'esplanade, malgré la brise fraîche, une dizaine de randonneurs emmitouflés ont élu domicile. Un fort des halles, aux bras tatoués, partiellement couvert d'un duvet, est étendu sur un transat à côté de sa femme qui dort. Il tente de lire le journal entre deux sautes de vent : *L'Eco di Bergamo*. Je déchiffre les gros titres : une éruption volcanique en Indonésie, une attaque en Libye, des travaux sur l'A4 entre Milan et Bergame, etc. Rien de nouveau ! Le monde, pendant notre absence, continue à respirer, à cracher et éructer. Eva s'absente un moment pour aller aux toilettes. Je profite de cet intermède pour vérifier mes messages. Un signal : « *Hi*, Léo... Nous avons fait deux rotations. Pas assez de canots. Mischa est encore là-bas. *He's fine.* »

Je lis et relis le message : *« He's fine. »* Il va bien. Je dois m'asseoir, car les jambes me lâchent. C'est comme si, d'un seul coup, on m'avait retiré la colonne vertébrale, les fémurs et les tibias : un homard sans carapace, sans défense, prêt à se faire dévorer par le premier congre venu. Je n'ai plus qu'une envie : m'allonger comme le tatoué, regarder les barbules des nuages et retrouver la paix qui m'a quitté depuis le 28 juillet : *« He's fine. »* Oh mon Dieu, même si tu n'existes pas, merci de tout mon cœur ! Mais alors cette vision de la rivière, cette main qui s'agite et disparaît, ce cri « Papa, papa » : une simple construction imaginaire, la coalescence de mes craintes, de mes peurs cachées ? Eva me rejoint, surprise de me trouver assis, un peu sonné. Bien sûr, elle s'inquiète :

« Tu as des nouvelles de Mischa ?

— *He's fine...* »

À son tour de s'asseoir sur le banc à mes côtés ! Instinctivement, nous nous prenons les mains en les serrant fort comme pour vérifier que ce que nous vivons est bien réel, que nous sommes bien là ensemble. Nous restons un moment sans dire un mot.

« *What do you mean, he's fine ?* Que veux-tu dire par "il va bien" ?

— *He's just fine !* Il va bien, c'est tout ! »

Nous parlons anglais de nouveau comme lors de nos premières années, nos années d'amour fou. Je reprends en français :

« Pas d'autres nouvelles. Ils ont dû faire deux rotations.

— Alors Mischa devrait être à Khonoo bientôt.

— Oui, très bientôt. »

Nous fêtons largement notre libération, et celle prochaine de Mischa, en commandant un déjeuner complet avec *pasta* et *torta* arrosées d'une Moretti et d'un thé, tout en revêtant notre carapace : nos habits de pluie pour résister au froid.

Quelques gouttes éparses commencent à tomber. Plutôt que d'emprunter la piste puis le goudron, nous choisissons de rejoindre un sentier qui se perd dans les alpages et la forêt en coupant dans une pente raide qui part juste sous la terrasse. Délivrés de tout souci, nous descendons allègrement lorsque nous entendons derrière nous le souffle court et haché d'une locomotive. Un étrange bonhomme, mince et étiré comme un chat abyssin, nous dépasse.

Il court plus qu'il ne marche, malgré une patte un peu raide, en lançant son bâton de bois devant lui. Son chapeau de bourgeois, un peu crasseux, contraste avec le reste de sa mise : des chaussures de montagnard, un jean rapiécé et un maillot de débardeur, sans une tache. De son grand sac, à moitié vide et mal fermé, dépassent une bouteille de *grappa*, des saucissons, le journal du jour avec l'éruption indonésienne. L'homme nous salue avec un grand sourire découvrant une bouche largement édentée. L'animal a une tête d'oiseau, ou plutôt de Géo Trouvetou, l'inventeur un peu lunatique de l'univers Disney, avec des boucles de cheveux fous qui sortent de son petit chapeau, des yeux exorbités, presque hallucinés. En une fraction de seconde, les images de Joseph Bouvier, du *Juge et l'Assassin*, le fameux film de Tavernier, me reviennent en tête. Je revois l'aliéné, joué par Michel Galabru, arpentant la montagne à grands pas, à la recherche de jeunes bergers ou bergères à violer et égorger. Nous nous présentons, malgré tout. Le bonhomme prétend être propriétaire d'une soixantaine de vaches et d'une trentaine de chevaux dans le Valmora, le prochain vallon : « Pour l'viande ! Le lait et l'fromafe, f'est trop d'travail pour n'homme feul ! »

Il parle en avalant les mots avec un débit de mitraillette. Nous comprenons qu'il revient de Zambla Alta, où il a fait quelques courses.

« Tant d'montée pour un coup d'*grappa*, faut aimer fa », se moque-t-il de lui-même.

Sept cents mètres de montée, surtout, pour rompre une solitude trop pesante... Peu pressé de nous quitter, il nous invite à prendre le café et la *grappa*, sur le chemin, chez son voisin qu'il appelle : « *Il F'ecchio*[9]. »

Une Fiat Panda 4x4 hors d'âge est garée devant la petite *baita* et un pauvre abri en tôle, encombré de bâches en plastique, de sacs de ciment, de clôtures et de piquets en bois : le cafoutche habituel des bergers solitaires. Immédiatement, une meute de chiens nous encercle en aboyant, sans montrer les dents. Trois chiots, noirs comme du charbon, imitent les adultes en poussant des jappements aigus tout en restant en retrait derrière les pattes de leur mère, comme pour se conformer à l'avertissement porté sur un écriteau :

« *Attenti al cane e al padrone*
ha un brutto carattere (sic) »
(Attention au chien et au patron
Il a un mauvais caractère)

Il Vecchio, alerté par ce charivari, sort de sa tanière avec une démarche lourde, usée, une baguette de coudrier à la main sur laquelle il s'équilibre. Eva et moi échangeons un clin d'œil : c'est le portrait craché d'*Opa*, le grand-père de Heidi, l'ermite de la montagne avec son chapeau de feutre gris sans forme qui tombe sur ses yeux très bleus, son teint un peu rougeaud mais sans excès, sa barbe blanche de père Noël. Il porte un foulard bleu sur sa chemise à carreaux, sans doute par souci d'élégance. Sans préliminaires, il nous invite dans son humble intérieur. Dans 12 mètres carrés, il a réussi à caser un lit encombré d'un tas de linge propre et d'un sac à dos, une table couverte d'une toile cirée sur laquelle se trouve le reste du déjeuner – un pot de Nutella, un litre de rouge entamé, une miche de pain ainsi qu'une paire de puissantes jumelles – une bouteille de gaz surmontée d'un réchaud et enfin une cheminée dans laquelle réchauffe un chaudron en cuivre rempli de lait. Les trois chiots nous rejoignent en remuant la queue et lapent goulûment un reste de petit-lait dans un seau en fer-blanc. Au fond de la pièce, une porte entrouverte donne sur la cave d'affinage où est alignée la maigre production de l'été. L'intérieur de la *baita* est sommaire, sans confort ni superflu. Pourtant ce dénuement n'a rien de pauvre. L'essentiel, c'est-à-dire le monde du *Vecchio*, sa vie, y est. Il nous adresse la parole en italien, mais rapidement trébuche sur les mots. Il s'excuse : « Comprenez, ici, on parle pas beaucoup italien. »

Il parle alors en bergamasque avec son voisin, qui fait office de traducteur, puis reprend avec nous en italien. Nous apprenons ainsi qu'il ne garde plus qu'une vingtaine de vaches, dont cinq pour le lait :

« Oh, je fais pas ça pour l'argent (il dit *"soicc"* et non *"soldi"*) mais pour m'occuper.

— *Pòta !* » fait l'autre.

Je reconnais l'expression typique des Bergamasques, dérivé de *Puta*, mais qui, loin de son origine triviale, exprime une sorte de fatalisme, que l'on pourrait traduire par : « C'est ainsi ! »

Il Vecchio produit deux fromages par jour : un gros et une tomme, parce qu'il ne sait pas faire autre chose, parce que sinon les journées seraient trop longues, parce qu'autrement il devrait vivre « en bas ». Chaque matin et chaque soir, il monte ainsi dans ses alpages. Il en connaît chaque caillou, chaque arbuste. Avec sa bouille sur le dos et son « botte-cul », il « s'occupe » et trait à la main les cinq laitières dispersées dans la montagne. Il ajoute, avec un regret dans la voix :

« Je sais pas si, l'été prochain, j'aurai encore le courage ou la force... *Pòta !* »

L'autre l'encourage...

« Et comment fe f'rai moi fans voifin...

— Oh toi, je m'inquiète pas. »

Nous goûtons donc son fromage avec un verre de *grappa* et le café. Il est fameux, comme la tomme estivale du Charmant Som en Chartreuse. On sent la vache, l'achillée millefeuille, le serpolet ainsi qu'une légère pointe d'amertume : la grande gentiane ? Les deux acolytes reprennent la conversation en bergamasque et rient bientôt aux éclats.

Même si nous ne comprenons pas leur conversation, aucun doute, nous sommes bien chez nous, *a casa*, dans cette *baita* ouverte au vent et aux passants. Ces hommes : le vieux et l'assassin, sont du même bois, des mêmes racines que Rosa, Cinzia, Gigi, Giovanni et tant d'autres qui ont *coccolati*, « câliné », nos enfants pendant leurs toutes jeunes années, qui nous ont submergés de bienveillance : des hommes et des femmes durs à la tâche, entiers, des cœurs de cristal, des âmes pures. Impossible en effet d'être plus droit et honnête que ces bergamasques *testardi*, « têtus », que ces Italiens des montagnes et des brumes !

Nous les quittons à regret. Il nous faudra revenir et encourager *Il Vecchio* à monter, chaque matin, chercher ses vaches avec ses chiens, encore et encore. Bien entendu, « l'assassin » nous invite à visiter sa *baita* dans le Valmora. Nous déclinons, non pas de peur d'y être égorgés, mais parce que nous craignons de ne pouvoir atteindre avant la nuit le terme de notre étape. Sans rancune, il nous indique un raccourci à travers bois, qu'il appelle, non sans humour : le sentier des vipères : « Des fois, j'en ai vu plus d'une centaine ! *Pòta...* »

Nous marchons ainsi une bonne heure en tapant du pied et du bâton, sans apercevoir le début d'une tête ou d'une queue de serpent. Scrutant chaque brin d'herbe, nous trouvons enfin un bouquet de superbes edelweiss dans le creux d'un rocher ! Il était temps car nous ne sommes plus qu'à 1700 mètres. Nous traversons d'ailleurs d'une seule traite plusieurs étages de végétation. Les gentianes abandonnent peu à peu la partie au profit des plantes de clairière : grandes astrances aux ombelles légèrement rosées, knauties des bois que nous appelions, enfants, boutons de culotte. Vient ensuite la hêtraie, le territoire des charbonniers matérialisé par de pauvres cabanes et des cercles de terre noire. Il nous faut encore traverser une colline aux hautes herbes non fauchées en prenant garde à ne pas les coucher. Arrivés à son sommet, au travers de la brume, nous voyons distinctement une tache ocre, le reflet de toits métalliques : Bergame ! Un signal sur le téléphone : un message, un seul : « Coucou, je t'appelle demain. Tout va bien. Mischa. »

PIAZZA VECCHIA
13 août 2013

La jeune fille croise les mains sur son bas-ventre, comme pour protéger sa virginité. Les tresses de ses cheveux sagement posées sur les côtés, elle semble dormir d'un sommeil léger, prête à s'éveiller au premier bruissement d'aile, au premier rayon de soleil. Mais dans cette chapelle de marbre gris et rose, les oiseaux ne volent plus et seuls de timides traits de lumière pénètrent les étroites ouvertures. Allongée sur le marbre du tombeau, Médéa attend, confiante, le jour du Jugement dernier, quand les cieux passeront avec fracas et les éléments s'embraseront, pour rejoindre son père, enseveli à quelques mètres de là : Bartolomeo Colleoni. Le vieil homme, le capitaine d'aventure, le géant de la montagne qui prétendait descendre d'Hercule, pleura éperdument la perte de cette fille adorée, morte à 15 ans. Elle lui ressemblait tant ! On dit que, lorsque Médéa expira un triste jour de l'hiver 1470, son canari favori tomba raide mort du perchoir. Le *condottiere* prit soin alors d'embaumer le petit oiseau pour le glisser dans le cercueil de sa fille.

« Votre âme est un paysage choisi
Que vont charmant masques et bergamasques
Jouant du luth et dansant et quasi
Tristes sous leurs déguisements fantasques
[...]
Au calme clair de lune triste et beau,
Qui fait rêver les oiseaux dans les arbres
Et sangloter d'extase les jets d'eau,
Les grands jets d'eau sveltes parmi les marbres. »

Assis sur un banc, je me récite une nouvelle fois le *Clair de lune* de Verlaine. Il est tard maintenant. La gardienne des lieux nous prie de sortir. Nous nous apprêtions à le faire pour ne pas nous laisser gagner par cette atmosphère mélancolique, pour retrouver la lumière. Vingt-quatre heures après son message, Mischa ne nous a toujours pas téléphoné ; Slava ne répond pas. Pourtant, nous avons décidé de ne plus nous inquiéter, rassurés par le dernier message de notre fils, épuisés par notre traversée ou par cette trop longue attente.

Nous voilà enfin à Bergame, Bergamo, qu'il faut impérativement prononcer à l'italienne : *Berg*am, surtout pas Ber*gam* à la française, ou mieux à la bergamasque : Berg'm, Bergheim, la maison, ou plutôt la citadelle de la montagne. Quel meilleur nom pour cette cité perchée sur une colline pour mieux voir la montagne ? Bergame, le but de notre traversée, atteint après vingt-deux jours de marche.

Le but ? Comme Moitessier, malade à l'idée de regagner l'Europe, nous aimerions remettre le cap vers le Pacifique, pardon, les Alpes... « Je continue sans escale vers les îles du Pacifique, parce que je suis heureux en mer, et peut-être aussi pour sauver mon âme », écrit-il dans *La Longue Route*.

Comme le navigateur, nous aimerions prolonger indéfiniment notre longue marche, de crête en crête, de névé en névé ou même de colline de colline. Mais quoi ? Au-delà de Bergame, il n'y a que la Padana, la plaine du Pô, ses autoroutes et ses gros bourgs industriels. Même si nous rêvons d'Alpes infinies, d'éternel retour, nous voici bien forcés de constater que nous sommes arrivés au bout de notre périple.

Au-dehors, le *condottiere*, qui voulait être l'égal de César et d'Auguste, se rappelle à notre bon souvenir. Un angelot perché sur les grilles de bronze porte un bouclier aux armes de l'impertinent : trois paires de testicules[10] fièrement exhibées ! Le chef de guerre en était si fier qu'il en avait fait son cri de ralliement : *« Coglia ! Coglia ! »* Lustré par les innombrables attouchements des visiteurs, le blason semble d'or.

Nous marchons, main dans la main, sans un mot dans la cour du palais de la Raison orné d'un calendrier solaire bien inutile aujourd'hui : il tombe une pluie fine. Les passants ont déserté la Piazza Vecchia, que l'on dit la plus belle du monde. Une dernière fois, nous ouvrons nos parapluies en nous dirigeant vers la fontaine Contarini :

un but de promenade habituel pour Willi et Mischa quand ils faisaient leurs premiers pas. Répétant un de leurs jeux favoris, je m'assois sur les épaules d'un sphinx cracheur d'eau entre un lion de Venise et un serpent entortillé autour d'un tronc. M'abandonnant à mes enfantillages et à mes souvenirs, Eva continue vers un coin de la place et le restaurant. Une sonnerie ! Vite : « Allô, papa ? »

« Allô, papa... » Cela me suffit. Je n'ai plus envie de rien d'autre.

NOTES

1. Déformation phonétique de : « Ah oui, l'ordre doit régner ! »
2. « Les Tyroliens sont joyeux », titre d'une chanson populaire allemande.
3. « Petit Jean, part tout seul dans le grand monde. Avec son bâton et son chapeau qui lui vont bien, il est bien courageux. Mais maman pleure beaucoup. Elle n'a plus son Petit Jean. Elle lui souhaite bonne chance, lui dit au revoir et reviens vite. »
4. Ce passage est le point le plus extrême atteint par la Première Armée française à la fin de la Seconde Guerre mondiale, une armée que De Lattre de Tassigny s'empressa de surnommer « Rhin et Danube ». Les habitants du Vorarlberg auraient pu échapper à cette occupation si leur volonté avait été respectée. En 1919, lors de l'effondrement de l'empire des Habsbourg, ils s'étaient, en effet, empressés de voter leur rattachement à la Suisse. Les traités internationaux et la frilosité des Suisses en ont décidé autrement. N'allait-on pas déséquilibrer le *statu quo* multiséculaire de la Confédération avec l'arrivée d'une centaine de milliers de catholiques germanophones ?
5. János Starker, violoncelliste, et György Sebok, pianiste, étaient deux fameux musiciens et pédagogues d'origine hongroise. Tous deux ont quitté Budapest après les événements de 1956. Ils ont enseigné longuement à l'Université d'Indiana, à Bloomington.
6. Le bodhisattva peut-être assimilé à un saint bouddhiste. Ayant atteint un très haut niveau d'Éveil, il aide les autres êtres sensibles à s'éveiller tout en progressant lui-même vers son propre éveil définitif, qui est celui du Bouddha.
7. Les Youkagirs sont un des peuples premiers de la Sibérie orientale. Ils sont aujourd'hui moins de deux mille.
8. Ce qui signifie : « les époux promis », une expression un peu datée pour *fidanzati*, « les fiancés », titre du roman en français.
9. *Il Vecchio* : « Le Vieux ».
10. Coglioni, d'où Colleoni.

TABLE

VOYAGE EN POCHE

1. L'EXPLORATION DE LA SIBÉRIE
Antoine Garcia & Yves Gauthier

2. BONS BAISERS DU BAÏKAL ~ Nouvelles de Sibérie
Géraldine Dunbar

3. UNE PARISIENNE DANS L'HIMALAYA
Marie de Ujfalvy-Bourdon

4. PAR LES SENTIERS DE LA SOIE ~ À pied jusqu'en Chine
Philippe Valéry

5. VOYAGE À LA MER POLAIRE
George S. Nares

6. TRILOGIE DES CIMES ~ Histoires de larrons perchés
Olivier Salon

7. AU GRÉ DU YUKON ~ Quatre-vingts jours en canoë
Joël Allano

8. RÉVÉLATION DANS LA TAÏGA
Alain Lebrun

9. LA NUIT COMMENCE AU CAP HORN
Saint-Loup

10. À TOUTE VAPEUR VERS SAMARCANDE
Eugène-Melchior de Vogüé

11. VERS COMPOSTELLE ~ Drôles de rencontres
Antoine Bertrandy

12. L'OPÉRA ALPIN ~ À pied de la Bavière à Bergame
Gérard Guerrier

L'OPÉRA ALPIN

A ÉTÉ COMPOSÉ EN GEORGIA PRO ET EN OPTIMA. IL A ÉTÉ IMPRIMÉ SUR CLAIRBOOK BLANC NEUTRE, FABRIQUÉ EN FRANCE, PAR LES PRESSES DE LA NOUVELLE IMPRIMERIE LABALLERY À CLAMECY, DANS LA NIÈVRE, POUR LE COMPTE DES ÉDITIONS TRANSBORÉAL EN DÉCEMBRE DEUX MILLE QUATORZE.

COMPOSÉ ET IMPRIMÉ EN FRANCE
FR

NUMÉRO D'IMPRESSION : 410107